오늘부터 한 줄 베트남어

Chúng ta có thể làm được!

Đi thôi !!

– 황선화 지음 –

ECK Books

오늘부터
한 줄 베트남어

초판인쇄 2025년 04월 01일

지은이 황선화
펴낸이 임승빈
펴낸곳 ECK북스
출판사 등록번호 제 2020-000303호
출판사 등록일자 2000. 2. 15
주소 서울시 마포구 창전로2길 27 [04098]
대표전화 02-733-9950 | **이메일** eck@eckedu.com

제작총괄 염경용
편집책임 정유항, 김하진 | **편집진행** 이승연 | **디자인** 다원기획
마케팅 이서빈 | **영상** 김선관 | **인쇄** 북토리

ISBN 979-11-6877-345-5
정가 20,000원

ECK교육 | 세상의 모든 언어를 담다

기업출강 · 전화외국어 · 비대면교육 · 온라인강좌 · 교재출판 · 통번역센터 · 평가센터

ECK교육 www.eckedu.com
ECK온라인강좌 www.eckonline.kr
ECK북스 www.eckbook.com

유튜브 www.youtube.com/@eck7687
네이버 블로그 blog.naver.com/eckedu
페이스북 www.facebook.com/ECKedu.main
인스타그램 @eck__official

머리말

한국 수출이 사상 최대치를 기록한 가운데, 베트남은 중국과 미국에 이어 한국의 3대 교역국 자리를 지켰습니다. 베트남은 2022년 일본을 제치고 3대 교역국에 오른 이후 3년 연속 이 순위를 유지했으며, 2024년에는 미국에 이어 한국에 두 번째로 많은 무역 흑자를 안긴 국가로 기록되었습니다. 현재 약 25만 명의 한국인이 베트남에서 거주하고 있으며, 비슷한 규모의 베트남인이 한국에서 생활하고 있습니다. 이러한 활발한 교류 속에서 많은 한국 관광객이 베트남을 방문하고 있습니다.

분짜, 쌀국수(Pho), 반미와 같은 베트남 요리와 다낭, 냐짱, 푸꾸옥과 같은 아름다운 관광지는 한국 관광객들에게 많은 사랑을 받고 있습니다. 하지만 베트남은 젊은 인구가 많아 영어를 사용하는 사람이 상대적으로 많음에도 불구하고, 영어로 의사소통이 어려운 경우도 종종 발생합니다. 이러한 점을 고려하여, 학습자들이 베트남어를 보다 쉽고 빠르게 배울 수 있도록 「오늘부터 한 줄 베트남어」 교재를 집필하게 되었습니다.

「오늘부터 한 줄 베트남어」 교재는 베트남 원어민의 관점에서 외국인이 쉽게 활용할 수 있도록 유용한 표현과 정보를 수록한 교재입니다. 언어는 단순한 의사소통의 도구를 넘어, 한 나라의 문화를 이해하고 사람들과 연결되는 중요한 매개체입니다. 이 책이 학습자들에게 베트남어 학습 여정에 든든한 동반자가 되기를 바랍니다.

끝으로, 이 책의 출판 기회를 주신 ECK교육 임승빈 대표님께 감사의 말씀을 전합니다. 또한, 편집 작업에 세심한 노력을 기울여 주신 이승연 실장님, 정유향 팀장님, 김하진 대리님께 감사의 인사를 드립니다. 끊임없는 도움과 노력 덕분에 이 결실을 맺을 수 있었습니다. 좋은 교재를 만들기 위해 힘써 주신 모든 분들께 진심으로 감사드립니다.

저자 **황선화**

이 책의 구성과 특징

잠깐! 예비과

본 학습에 들어가기 전 기본적으로 알아야 할 베트남어의 알파벳과 발음, 어순 등을 알아봅니다.

무조건 외우자!

베트남어의 인칭대명사와 숫자 및 날짜와 요일 등을 알아봅니다. 미리 외워두면 베트남어가 더욱 쉬워집니다.

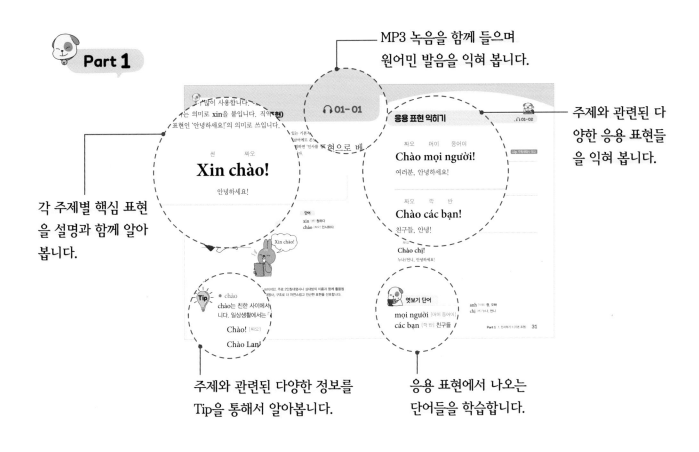

MP3 녹음을 함께 들으며 원어민 발음을 익혀 봅니다.

주제와 관련된 다양한 응용 표현들을 익혀 봅니다.

각 주제별 핵심 표현을 설명과 함께 알아봅니다.

주제와 관련된 다양한 정보를 Tip을 통해서 알아봅니다.

응용 표현에서 나오는 단어들을 학습합니다.

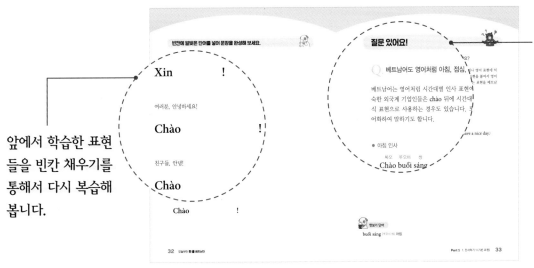

베트남어에 관한 다양한 궁금증을 풀어보고 일상생활에서 필요한 여러 가지 정보들을 알아봅니다.

앞에서 학습한 표현들을 빈칸 채우기를 통해서 다시 복습해 봅니다.

Part 2

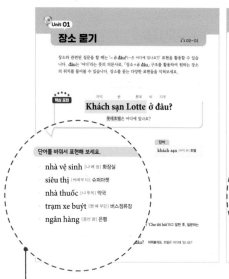

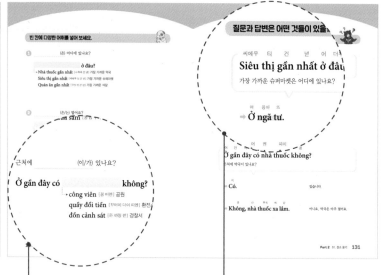

핵심 표현에서 대체 가능한 어휘들을 대입시켜 다양한 표현을 익혀 봅니다.

학습한 문장에서 대체 가능한 어휘들을 대입시켜 다양한 표현을 익혀 봅니다.

간단한 회화가 가능하도록 학습한 표현으로 다양한 응답 표현을 알아봅니다.

베트남 문화를 이해할 수 있도록 한국과 다른 대중교통 이용과 주요 쇼핑몰 등 베트남 여행 시 알아두면 유용한 정보 등을 알아봅니다.

MP3 다운로드 방법

본 교재의 MP3 파일은 www.eckbooks.kr에서 무료로 다운로드 받을 수 있습니다.
QR 코드를 찍으면 다운로드 페이지로 이동합니다.

목 차

Part 1 필수 표현 **익히기**

Part 2   생활 표현 익히기

잠깐!
예비과

① 알파벳과 발음

■ 알파벳

🎧 00-01

베트남어는 로마자를 기반으로 한 알파벳을 사용하며, 총 29자로 구성되어 있습니다. 모음 12개, 자음 17개로 성조 표시도 포함됩니다.

알파벳	발음	명칭	알파벳	발음	명칭
A a	[a:]	아	N n	[n]	너
Ă ă	[a]	아	O o	[ɔ:]	어
Â â	[ə]	어	Ô ô	[o]	오
B b	[b]	버	Ơ ơ	[ə]	어
C c	[k]	꺼	P p	[p]	뻐
D d	[dz]	저 (북) 여 (남)	Q q	[k]	꾸
Đ đ	[ð]	더	R r	[r]	저 (북) 러 (남)
E e	[e]	애	S s	[s]	써
Ê ê	[e]	에	T t	[t]	떠
G g	[g]	거	U u	[u]	우
H h	[h]	허	Ư ư	[ɯ]	으
I i	[i]	이	V v	[v]	버
K k	[k]	까	X x	[x]	써
L l	[l]	러	Y y	[i]	이
M m	[m]	머	▨ : 자음　　▨ : 모음		

■ 모음

(1) 단모음(12자)

🎧 00-02

알파벳		발음
A a	아	한국어의 [ㅏ] 발음이 납니다. bạn [반] 친구　　　　　　　lá [라] 나뭇잎
Ă ă	아	한국어의 [ㅏ] 발음이 납니다. ăn [안] 먹다　　　　　　　ngắn [응안] 짧다
Â â	어	한국어의 [ㅓ] 발음이 납니다. sân [썬] 마당　　　　　　　gần [건] 가깝다
E e	애	한국어의 [ㅐ] 발음이 납니다. em [앰] 동생　　　　　　　xem [쌤] 보다
Ê ê	에	한국어의 [ㅔ] 발음이 납니다. đêm [뎀] 밤, 야간　　　　　mềm [멤] 부드럽다
I i	이	한국어의 [ㅣ] 발음이 납니다. in [인] 인쇄하다　　　　　　tím [띰] 보라색
O o	어	한국어의 [ㅓ] 발음이 납니다. lon [런] 캔　　　　　　　　con [껀] 자녀
Ô ô	오	한국어의 [ㅗ] 발음이 납니다. ông [옹] 할아버지　　　　　tôm [똠] 새우
Ơ ơ	어	한국어의 [ㅓ] 발음이 납니다. lớn [런] 크다　　　　　　　hơn [헌] 보다, 더
U u	우	한국어의 [ㅜ] 발음이 납니다. cũ [꾸] 낡다　　　　　　　uống [우옹] 마시다
Ư ư	으	한국어의 [ㅡ] 발음이 납니다. lưng [릉] (신체 일부) 등　　rượu [즈어우] 술
Y y	이	한국어의 [ㅣ] 발음이 납니다. y tá [이 따] 간호사　　　　kỹ sư [끼 쓰] 기술자, 엔지니어

(2) 이중모음(3자)

00-03

베트남어에는 12개의 단모음 외에 3개의 이중모임이 존재합니다.

알파벳		발음
iê	이에	한국어의 [ㅣ ㅔ] 발음이 납니다. tiền [띠엔] 돈 hiểu [히에우] 이해하다
uô	우오	한국어의 [ㅜ ㅗ] 발음이 납니다. muộn [무온] 늦다 Hàn Quốc [한 꾸옥] 한국
ươ	으어	한국어의 [ㅡ ㅓ] 발음이 납니다. rượu [즈어우] 술 được [드억] 되다

■ 자음

(1) 첫 자음

00-04

알파벳 표에 나와 있는 17개의 자음은 '단자음'이며, 이외에도 10개의 이중자음이 존재합니다. 27개의 자음이 모두 첫 자음으로 사용될 수 있습니다.

알파벳		발음
b	ㅂ	한국어의 [ㅂ] 발음이 납니다. ba [바] 숫자 3 bà [바] 할머니
c	ㄲ	한국어의 [ㄲ] 발음이 납니다. * c+a, ă, â, o, ô, ơ, u, ư : 뒤에 오는 모음과 결합하면, [까], [까], [꺼], [꺼], [꼬], [꺼], [꾸], [끄]와 같은 발음이 납니다. cơm [껌] 밥 cam [깜] 오렌지
ch	ㅉ	한국어의 [ㅉ] 발음이 납니다. cho [쩌] 주다 chị [찌] 언니
d	ㅈ(북) 여(남)	한국어의 [ㅈ], [여] 발음이 납니다. * 북부 지방에서는 [ㅈ]로, 남부 지방에서는 [여]로 발음합니다. da [자]/[야] 피부 dì [지]/[이] 이모

đ	ㄷ	한국어의 [ㄷ] 발음이 납니다. đi [디] 가다 đá [다] 얼음
g	ㄱ	한국어의 [ㄱ] 발음이 납니다. * g+a, ă, â, o, ô, ơ, u, ư : 뒤에 오는 모음과 결합하면, [가], [가], [거], [거], [고], [거], [구], [그]와 같은 발음이 납니다. ga [가] 역 gỗ [고] 목재
gh	ㄱ	한국어의 [ㄱ] 발음이 납니다. * gh+e, ê, i : 뒤에 오는 모음과 결합하면, [개], [게], [기]와 같은 발음이 납니다. ghế [게] 의자 ghi [기] 적다, 기록하다
gi	지 [z]	영어의 [z] 발음이 납니다. giá [지아] 가격 già [지아] 늙다
h	ㅎ	한국어의 [ㅎ] 발음이 납니다. hai [하이] 숫자 2 hỏi [허이] 질문하다, 묻다
k	ㄲ	한국어의 [ㄲ] 발음이 납니다. * k+e, ê, i, y : 뒤에 오는 모음과 결합하면, [깨], [께], [끼], [끼]와 같은 발음이 납니다. kem [깸] 아이스크림 kỹ sư / kĩ sư [끼쓰] 기술자, 엔지니어
kh	ㅋ	한국어의 [ㅋ] 발음이 납니다. khô [코] 건조하다 khó [커] 어렵다
l	ㄹ	한국어의 [ㄹ] 발음이 납니다. làm [람] 하다 luật [루얻] 법
m	ㅁ	한국어의 [ㅁ] 발음이 납니다. mẹ [매] 엄마 mát [맏] 시원하다
n	ㄴ	한국어의 [ㄴ] 발음이 납니다. nói [너이] 말하다 nóng [넝] 덥다
nh	녀	한국어의 [녀] 발음이 납니다. nhà [냐] 집 nhỏ [녀] 작다

ng	응	한국어의 [응] 발음이 납니다. * ng+a, ă, â, o, ô, ơ, u, ư : 뒤에 오는 모음과 결합하면, [응아], [응아], [응어], [응어], [응오], [응어], [응우], [응으]와 같은 발음이 납니다. ngô [응오] 옥수수 Nga [응아] 러시아
ngh	응	한국어의 [응] 발음이 납니다. * ngh+e, ê, i : 뒤에 오는 모음과 결합하면, [응애], [응에], [응이]와 같은 발음이 납니다. nghỉ [응이] 쉬다 nghe [응애] 듣다
p	ㅃ	한국어의 [ㅃ] 발음이 납니다. pin [삔] 배터리 pê-đan [뻬−단] 페달
ph	[f]	영어의 [f] 발음이 납니다. cà phê [까페] 커피 phim [핌] 영화
q	ㄲ	한국어의 [ㄲ] 발음이 납니다. quê [꾸에] 고향 quà [꾸아] 선물
r	ㅈ(북) ㄹ(남)	한국어의 [ㅈ], [ㄹ] 발음이 납니다. * 북부 지방에서는 [ㅈ]로, 남부 지방에서는 [ㄹ]로 발음합니다. đi ra [디 자]/[디 라] 나가다 rau [자우]/[라우] 야채
s	ㅆ	한국어의 [ㅆ] 발음이 납니다. sao [싸오] 별 sáng [쌍] 밝다
t	ㄸ	한국어의 [ㄸ] 발음이 납니다. tôi [또이] 저, 나 tự [뜨] 스스로
th	ㅌ	한국어의 [ㅌ] 발음이 납니다. thêm [템] 추가하다 thi [티] 시험을 보다
tr	ㅉ	한국어의 [ㅉ] 발음이 납니다. trà [짜] 차 tre [째] 대나무
v	ㅂ	한국어의 [ㅂ] 발음이 납니다. * 윗니가 아랫 입술에 살짝 닿도록 발음합니다. về [베] 돌아가다 và [바] 그리고
x	ㅆ	한국어의 [ㅆ] 발음이 납니다. xa [싸] 멀다 xem [쌤] 보다

한국어의 'ㄲ'이 끝자음으로 오면 [ㄱ]으로 발음되듯이 c도 끝자음으로 오면 [ㄱ]로 발음됩니다.

알파벳		발음	
c	ㄱ	한국어의 [ㄱ] 발음이 납니다. các [깍] ~들 (복수 표현)	lạc [락] 땅콩
ch	익	한국어의 [익] 발음이 납니다. sách [싸익] 책	sạch [싸익] 깨끗하다
m	ㅁ	한국어의 [ㅁ] 발음이 납니다. nam [남] 남자	thêm [템] 추가하다
n	ㄴ	한국어의 [ㄴ] 발음이 납니다. con [껀] 자녀	bốn [본] 숫자 4
nh	잉	한국어의 [잉] 발음이 납니다. anh [아잉] 형, 오빠	xinh [씽] 예쁘다
ng	ㅇ	한국어의 [ㅇ] 발음이 납니다. sang [쌍] 건너가다	tiếng [띠엥] 소리
p	ㅂ	한국어의 [ㅂ] 발음이 납니다. họp [헙] 회의하다	lớp [럽] 반, 수업
t	ㄷ	한국어의 [ㄷ] 발음이 납니다. tốt [똗] 좋다	hát [핟] 노래하다

■ 성조 (6성)

베트남어의 성조는 총 6개입니다.

성조 이름	발음 곡선	성조의 특징 설명
Thanh Ngang	(발음 곡선 그래프)	높고 평평하게 발음합니다. em [앰] 동생　cua [꾸어] 민물 게 sang [쌍] 건너가다
Thanh Sắc	(발음 곡선 그래프)	높게 올라가며 발음합니다. lá [라] 나뭇잎　cá [까] 물고기　ghế [게] 의자
Thanh Ngã	(발음 곡선 그래프) 이 구간을 살짝 끊은 후, 다시 높게 올리세요.	올렸다 내리는 중간에 살짝 끊은 후, 다시 높게 올려 발음합니다. cũ [꾸] 오래되다, 낡다　mãi mãi [마이 마이] 영원히 sẽ [쌔] ~할 것이다
Thanh Huyền	(발음 곡선 그래프)	낮게 내려가며 발음합니다. làm [람] 하다　về [베] 돌아가다　tìm [띰] 찾다
Thanh Nặng	(발음 곡선 그래프)	뚝 떨어지게 발음합니다. mẹ [매] 엄마　chợ [쩌] 시장　nặng [낭] 무겁다
Thanh Hỏi	(발음 곡선 그래프) 이 구간을 살짝 끊은 후, 다시 높게 올리세요.	낮게 내리며 살짝 끊은 후, 다시 높게 올리며 발음합니다. hỏi [허이] 묻다　chủ [쭈] 주인　ẩm [엄] 습하다

② 기본 어순

(1) 주어 – là – 명사

Là[라]는 '~이다'라는 의미로 명사 앞에 위치하며, 주어가 지시하는 대상의 속성이나 부류를 지정하는 뜻을 나타내는 동사입니다.

    Tôi là người Việt Nam. [또이 라 응어이 비엘 남]   저는 베트남 사람이에요.

(2) 주어 – 형용사

주어의 성격, 특징, 특성 등을 표현할 때 사용합니다.

    Tôi cao. [또이 까오]   저는 키가 커요.

(3) 주어 – 동사 – 목적어

주어가 '어떤 행위나 행동을 한다'는 의미를 나타낼 때 사용합니다.

    Tôi thích phở. [또이 틱 퍼]   저는 Pho를 좋아해요.

* 베트남에서는 상대방을 가리키는 2인칭대명사를 생략하는 것은 예의에 어긋난다고 여겨지므로, 대화할 때 주어를 빠뜨리지 않도록 주의하세요.

③ 대문자 사용

(1) 문장의 시작 : 문장이 시작될 때 첫 단어의 첫 글자를 대문자로 씁니다.

    Tôi là Mai. [또이 라 마이]   저는 마이입니다.

    Tôi đi ăn cơm. [또이 디 안 껌]   난 밥으러 가요.

(2) 이름 : 사람의 이름이나 기관, 조직, 회사 등의 이름은 대문자로 시작합니다.

    Hoàng Thị Thủy Tiên   호앙 티 투이 띠엔

    Lee Ji Young   이지영

(3) 고유명사 : 사람 이름, 지명, 국가명, 도시명 등 고유명사는 대문자로 시작합니다.

    Hàn Quốc [한꾸옥] 한국, Việt Nam [비엘남] 베트남, Hà Nội [하노이] 하노이

    Hồ Chí Minh [호찌민] 호찌민, Hanbok [한복] 한복

Chúng ta có thể làm được!

무조건
외우자!

① 인칭대명사

	단수형		복수형
1인칭	tôi [또이]	저	chúng tôi [쭝 또이] 우리 (듣는 사람 제외)
			chúng ta [쭝 따] 우리 (듣는 사람 포함)
2인칭	anh [아잉]	오빠/형	* 단수 2인칭대명사 앞에 'các(~들)'을 붙이면 복수형이 됩니다.
	chị [찌]	언니/누나	các anh [깎 아잉] 오빠들/형들
	em [앰]	동생	các chị [깎 찌] 언니들/누나들
	cô [꼬]	고모, 아가씨, Ms.	
	chú [쭈]	삼촌, 아저씨	
	ông [옹]	할아버지, Mr.	
	bà [바]	할머니, Mrs.	mọi người [머이 응어이] 여러분
	cháu [짜우]	조카, 손주	
	bạn [반]	친구	
3인칭	* 단수 2인칭대명사 뒤에 'ấy(그 ~)'를 붙이면 3인칭단수가 됩니다. anh ấy [아잉 어이] 그 오빠/그 형 chị ấy [찌 어이] 그 언니/그 누나		họ [허] 그들 (나이, 성별 불문)

베트남어의 인칭대명사는 상대방의 '나이, 성별, 지위'에 따라 다양하게 사용되며, 상대방과 나의 관계에 따라 달라집니다.

⑴ 상대방이 동생인 경우, 자신을 chị 또는 anh이라 하고 상대방을 em이라고 합니다.

⑵ 상대방이 남성이며 오빠나 형인 경우, 자신을 em이라 하고 상대방을 anh이라고 합니다.

⑶ 상대방이 여성이며 언니나 누나인 경우, 자신을 em이라 하고 상대방을 chị라고 합니다.

❷ 지시사

지시사는 사물이나 사람을 가리킬 때 사용하는 단어로, 위치나 맥락에 따라 '지시대명사'와 '지시형용사'로 다르게 사용됩니다.

지시대명사는 대상을 직접 가리키는 역할을 하며, '이것/그것/저것'과 같이 단독으로 쓰여서 「Đây/Đó/Đấy/Kia+là+ 명사 : 이것/그것/저것은 ~이다」 구조로 활용됩니다.

지시대명사	
đây [더이]	이것 / 이분 / 이곳
đó / đấy [더] / [더이]	그것 / 그분 / 그곳
kia [끼어]	저것 / 저분 / 저곳

Đây là Kim. [더이 라 낌] 이분은 김입니다.

Đó là bạn tôi. [더 라 반 또이] 그 사람은 제 친구입니다.

Kia là chợ. [끼어 라 쩌] 저곳은 시장입니다.

지시형용사는 항상 명사 뒤에 위치하며, 명사를 수식해 '이 ~, 그 ~, 저 ~'를 의미합니다.

지시형용사	
명사 + **này** [나이]	이 ~
명사 + **đó** [더]	그 ~
명사 + **kia** [끼어]	저 ~

Món ăn này ngon. [먼 안 나이 응언] 이 음식은 맛있어요.

Người đó là Mai. [응어이 더 라 마이] 그 사람이 마이예요.

Cái kia là cái gì? [까이 끼어 라 까이 지] 저것은 무엇인가요?

③ 요일

월요일	thứ 2 / thứ Hai [트 하이]	금요일	thứ 6 / thứ Sáu [트 싸우]
화요일	thứ 3 / thứ Ba [트 바]	토요일	thứ 7 / thứ Bảy [트 바이]
수요일	thứ 4 / thứ Tư [트 뜨]	일요일	Chủ nhật [쭈 녓]
목요일	thứ 5 / thứ Năm [트 남]		

홈 나이 라 트 머이
Hôm nay là thứ mấy?　　　　　오늘은 무슨 요일인가요?

홈 나이 라 트 싸우
Hôm nay là thứ 6.　　　　　오늘은 금요일입니다.

④ 달, 월

1월	tháng 1 [탕 몯]	7월	tháng 7 [탕 바이]
2월	tháng 2 [탕 하이]	8월	tháng 8 [탕 땀]
3월	tháng 3 [탕 바]	9월	tháng 9 [탕 찐]
4월	tháng 4 [탕 뜨]	10월	tháng 10 [탕 므어이]
5월	tháng 5 [탕 남]	11월	tháng 11 [탕 므어이몯]
6월	tháng 6 [탕 싸우]	12월	tháng 12 [탕 므어이하이]

버이 지어 라 탕 남 파이 콩
Bây giờ là tháng 5, phải không?　　　지금은 5월인가요?

콩 파이 버이 지어 라 탕 뜨
Không phải, bây giờ là tháng 4.　　　아니요, 지금은 4월입니다.

5 숫자

1	một [몯]	16	mười sáu [므어이 싸우]
2	hai [하이]	17	mười bảy [므어이 바이]
3	ba [바]	18	mười tám [므어이 땀]
4	bốn [본]	19	mười chín [므어이 찐]
5	năm [남]	20	hai mươi [하이 므어이] * 20–90까지의 10이 mươi [므어이]로 변함.
6	sáu [싸우]	21	hai mươi mốt [하이 므어이 몯] * 21–91까지의 1이 mốt [몯]으로 변함.
7	bảy [바이]	22	hai mươi hai [하이 므어이 하이]
8	tám [땀]	23	hai mươi ba [하이 므어이 바]
9	chín [찐]	24	hai mươi tư [하이 므어이 뜨] * 북부지방 : 24–94까지의 4를 tư [뜨]로 발음함.
10	mười [므어이]	25	hai mươi lăm [하이 므어이 람]
11	mười một [므어이 몯]	26	hai mươi sáu [하이 므어이 싸우]
12	mười hai [므어이 하이]	27	hai mươi bảy [하이 므어이 바이]
13	mười ba [므어이 바]	28	hai mươi tám [하이 므어이 땀]
14	mười bốn [므어이 본]	29	hai mươi chín [하이 므어이 찐]
15	mười lăm [므어이 람] * 15–95까지의 5가 lăm [람]으로 변함.	30	ba mươi [바 므어이]

남 나이 아잉 바오 니에우 뚜오이
Năm nay anh bao nhiêu tuổi?

올해 몇 살이에요?

남 나이 또이 하이므어이땀 뚜오이
Năm nay tôi 28 tuổi.

난 올해 28살이에요.

⑥ 시간 말하기

시간을 말할 때는 한국과 마찬가지로 '시 → 분 → 초'의 순서로 표현하며, '오전, 오후, 아침' 등과 같은 표현은 시간 뒤에 위치합니다.

오전, 아침	sáng [쌍]	오후	chiều [찌에우]
정오, 점심	trưa [쯔어]	저녁	tối [또이]

■ 시간 : giờ

1시	1 giờ [몯 지어]	7시	7 giờ [바이 지어]
2시	2 giờ [하이 지어]	8시	8 giờ [땀 지어]
3시	3 giờ [바 지어]	9시	9 giờ [찐 지어]
4시	4 giờ [본 지어]	10시	10 giờ [므어이 지어]
5시	5 giờ [남 지어]	11시	11 giờ [므어이몯 지어]
6시	6 giờ [싸우 지어]	12시	12 giờ [므어이하이 지어]

■ 분 : phút

정각	đúng [둥]	6 giờ đúng [싸우 지어 둥] 6시 정각
5분	5 phút [남 푿]	7 giờ 5 phút [바이 지어 남 푿] 7시 5분
10분	10 phút [므어이 푿]	8 giờ 10 phút [땀 지어 므어이 푿] 8시 10분
15분	15 phút [므어이람 푿]	9 giờ 15 phút [찐 지어 므어이람 푿] 9시 15분
20분	20 phút [하이므어이 푿]	10 giờ 20 phút [므어이 지어 하이므어이 푿] 10시 20분
25분	25 phút [하이므어이람 푿]	11 giờ 25 phút [므어이몯 지어 하이므어이람 푿] 11시 25분
30분	30 phút [바므어이 푿]	12 giờ 30 phút [므어이하이 지어 바므어이 푿] 12시 30분
35분	35 phút [바므어이람 푿]	1 giờ 35 phút [몯 지어 바므어이람 푿] 1시 35분
40분	40 phút [본므어이 푿]	2 giờ 40 phút [하이 지어 본므어이 푿] 2시 40분
45분	45 phút [본므어이람 푿]	3 giờ 45 phút [바 지어 본므어이람 푿] 3시 45분
50분	50 phút [남므어이 푿]	4 giờ 50 phút [본 지어 남므어이 푿] 4시 50분
55분	55 phút [남므어이람 푿]	5 giờ 55 phút [남 지어 남므어이람 푿] 5시 55분

7 단위 명사

단위 명사	뜻
cái [까이]	개 (물건)
con [껀]	마리 (동물)
cuốn / quyển [꾸온/꾸이엔]	권 (책, 공책, 잡지 등)
đôi [도이]	켤레
bộ [보]	벌, 세트
quả [꾸아]	개, 통 (과일)
bữa [브어]	끼 (식사)
tờ [떠]	장 (종이, 신문, 지폐 등)
tấm [떰]	장 (사진)
chiếc [찌엑]	짝 (신발, 젓가락), 대 (차)

냐 또이 꺼 하이 까이 게
Nhà tôi có 2 cái ghế.

우리 집에 의자 2개 있어요.

또이 꺼 못 껀 매오
Tôi có 1 con mèo.

난 고양이 한 마리가 있어요.

못 응아이 또이 안 하이 브어
Một ngày tôi ăn 2 bữa.

난 하루 2끼 먹어요.

Chúng ta có thể làm được!

Part

1

필수 표현

익히기

인사하기 1 (기본 표현)

🎧 01-01

'Xin chào'는 어느 상황에서나 무난하게 사용할 수 있는 기본적인 인사 표현으로 베트남어를 처음 접하는 사람들이 많이 사용합니다. 베트남어에도 존댓말이 존재하기 때문에 상대방을 존중한다는 의미로 **xin**을 붙입니다. 직역하면 '인사를 청합니다'가 되지만 일반적인 인사 표현인 '안녕하세요!'의 의미로 쓰입니다.

 핵심 표현

씬 짜오
Xin chào!

안녕하세요!

단어

xin [씬] 청하다
chào [짜오] 인사하다

Xin chào!

 Tip

● chào

chào는 친한 사이에서 단독으로도 쓰이지만, 주로 2인칭대명사나 상대방의 이름과 함께 활용됩니다. 일상생활에서는 「chào+2인칭대명사」 구조로 더 자연스럽고 친근한 표현을 선호합니다.

Chào! [짜오]　　　　안녕!

Chào Lan! [짜오 란]　　란 안녕!

짜오 머이 응어이

Chào mọi người!

여러분, 안녕하세요!

22p. 인칭대명사 참고

짜오 깍 반

Chào các bạn!

친구들, 안녕!

짜오 아잉

Chào anh!

형/오빠, 안녕하세요!

짜오 찌

Chào chị!

누나/언니, 안녕하세요!

 엿보기 단어

mọi người [머이 응어이] 여러분
các bạn [깍 반] 친구들

anh [아잉] 형, 오빠
chị [찌] 누나, 언니

안녕하세요!

Xin   !

여러분, 안녕하세요!

Chào   !

친구들, 안녕!

Chào   !

형/오빠, 안녕하세요!

Chào   !

누나/언니, 안녕하세요!

Chào   !

Q. 베트남어도 영어처럼 아침, 점심, 저녁 인사 표현이 따로 있나요?

베트남어는 영어처럼 시간대별 인사 표현이 구분되어 있지 않습니다. 그러나 영어 표현에 익숙한 외국계 기업인들은 chào 뒤에 시간대에 맞는 '아침'이나 '점심' 등의 표현을 붙여서 영어식 표현으로 사용하는 경우도 있습니다. 또는 영어의 'Have a nice day.'라는 표현을 베트남어화하여 말하기도 합니다.

● 아침 인사

짜오 부오이 쌍
Chào buổi sáng.　　　　좋은 아침이에요.

응아이 머이 부이 배 내
Ngày mới vui vẻ nhé.　　즐거운 하루 보내세요. (= 영어: Have a nice day.)

 **엿보기 단어**

buổi sáng [부오이 쌍] 아침

인사하기 2 (만났을 때)

🎧 01-03

상대방을 처음 만났을 때 반가움을 나타내는 인사 표현으로 'Rất vui được gặp!'이 있습니다. 상대방을 존중하는 의미를 담고 있으므로 공식적인 상황에서 주로 쓰이며, 뒤에 상대방을 가리키는 2인칭대명사를 넣어 존경의 의미를 전할 수 있습니다.

젇 부이 드억 갑

Rất vui được gặp!

만나서 반갑습니다! (직역: 만나게 되어서 아주 기쁩니다!)

단어

rất [젇] 아주
vui [부이] 기쁘다, 즐겁다
được [드억] ~게 되다
gặp [갑] 만나다

Rất vui được gặp!

Rất hân hạnh được gặp!

Tip ● Rất vui được gặp + 2인칭대명사

'Rất vui được gặp!'만으로도 공식적으로 사용할 수 있지만, 뒤에 상대방을 가리키는 2인칭대명사를 추가하면 더 격식 있고 존중의 의미가 강조됩니다.

젇 부이 드억 갑 아잉 찌
Rất vui được gặp anh/chị!   (남성/여성) 만나서 반갑습니다!

전 헌 하잉 드억 갑
Rất hân hạnh được gặp!
만나게 되어서 아주 반갑습니다!

전 빈 즈 드억 갑
Rất vinh dự được gặp!
만나게 되어서 아주 영광입니다!

헌 하잉 꾸아
Hân hạnh quá!
아주 반갑습니다!

또이 꿍 전 부이 드억 갑 아잉
Tôi cũng rất vui được gặp anh!
저도 형/오빠를 만나게 되어서 아주 기쁩니다!

 엿보기 단어

hân hạnh [헌 하잉] 반갑다	**cũng** [꿍] ~도, 또한, 역시
vinh dự [빈 즈] 영광	

만나서 반갑습니다! (직역: 만나게 되어서 아주 기쁩니다!)

Rất vui   !

만나게 되어서 아주 반갑습니다!

Rất hân hạnh   !

만나게 되어서 아주 영광입니다!

Rất vinh dự   !

아주 반갑습니다!

**   quá!**

저도 형/오빠를 만나게 되어서 아주 기쁩니다!

Tôi cũng   !

질문 있어요!

Q. 구면일 때는 어떻게 인사하나요?

오랜만에 만난 경우, '건강하세요?' 또는 '여전히 건강하시죠?'라는 인사를 자주 사용합니다. 상대방의 건강을 걱정하는 마음에서 비롯된 표현으로, 친근하고 배려 깊은 인사를 중요시하는 베트남인들의 인사 표현 중 하나입니다.

아잉 꺼 커애 콩
Anh có khỏe không?   건강하세요?

아잉 번 커애 쯔
A: **Anh vẫn khỏe chứ?**   여전히 건강하시죠?

또이 번 커애
B: **Tôi vẫn khỏe.**   나는 여전히 잘 지내고 있어요. (직역: 나는 여전히 건강해요.)

 **엿보기 단어**

khỏe [커애] 건강하다   ~ chứ? [쯔] ~죠?

vẫn [번] 여전히

인사하기 3 (헤어질 때)

🎧 01-05

'Hẹn gặp lại.'는 헤어질 때 '다시 만날 것을 약속한다'는 의미로 일상생활에서 자주 쓰이는 인사 표현 중 하나입니다. 뒤에 '너, 당신' 등의 2인칭대명사를 넣어 말하기도 합니다.

 핵심 표현

핸　갑　라이
Hẹn gặp lại.

또 만나요. (= 다시 만나요.)

단어

hẹn [핸] 약속하다
lại [라이] 다시

Hẹn gặp lại!

 Tip

● lại

Lại는 다양한 의미를 가지고 있지만, 주로 동사 뒤에 위치하여 '다시'라는 뜻을 나타냅니다.

Anh nói lại đi. [아잉 너이 라이 디]　　형/오빠, 다시 말해 봐요.

Tôi muốn xem lại. [또이 무언 쌤 라이]　　다시 보고 싶습니다.

^땀 ^{비엗}
Tạm biệt.

안녕히 가세요. / 안녕히 계세요.

※ 'tạm biệt'은 상황에 따라 2가지 인사로 해석할 수 있습니다.

---

^{짜오} ^땀 ^{비엗}
Chào tạm biệt.

안녕히 가세요. / 안녕히 계세요.

※ 'tạm biệt'보다 조금 더 정중하고 공식적인 느낌입니다.

---

^{아잉} ^디 ^내
Anh đi nhé.

형/오빠, 안녕히 가세요.

※「2인칭대명사 + đi nhé」구조를 활용합니다.

---

^핸 ^썸 ^갑 ^{라이}
Hẹn sớm gặp lại.

곧 다시 만나요.

 **엿보기 단어**

tạm biệt [땀 비엗] 작별하다	**nhé** [내] 제안 표현
đi [디] 가다	**sớm** [썸] 곧, 이르다, 일찍

또 만나요. (= 다시 만나요.)

Hẹn   .

안녕히 가세요. / 안녕히 계세요.

Tạm   .

안녕히 가세요. / 안녕히 계세요.

Chào   .

형/오빠, 안녕히 가세요.

nhé.

곧 다시 만나요.

Hẹn sớm   .

질문 있어요!

Q. '수고하셨습니다'라는 인사 표현은 어떻게 하나요?

베트남에서는 상대방의 수고를 인정하는 표현보다는 상황에 따라 간단하게 작별 인사를 하거나, 대화의 끝을 알리는 방식의 인사 표현들을 사용합니다. 그러나 최근 한류 교류가 늘어나면서 한국과 같은 '수고하셨습니다'라는 인사 표현도 종종 사용하고 있습니다. 상대방의 노고를 인정하고 감사의 마음을 전하는 한국 문화의 영향이 베트남 문화에도 조금씩 자리 잡고 있다는 신호로 볼 수 있습니다.

아잉 찌 벋 바 조이 아
Anh/Chị vất vả rồi ạ. 수고하셨습니다.

anh : 남성에게 사용하는 존칭, 형/오빠
chị : 여성에게 사용하는 존칭, 누나/언니

아잉 벋 바 꾸아
Anh vất vả quá. 수고 많으셨습니다.

✎ Anh/Chị 대신 다른 2인칭대명사로도 대체 가능합니다.

 엿보기 단어

vất vả [벋 바] 수고, 고생
rồi [조이] 과거 완료 표현

quá [꾸아] 아주, 너무

자기소개하기

🎧 01-07

자신을 소개할 때는 '저는 ~입니다'의 뜻을 가진 'Tôi là ~'로 간단하게 자신을 소개할 수 있습니다. 「Tôi là+이름/국적/직업」 구조를 활용하여 간단하게 자신을 소개해 보세요.

핵심 표현

또이　　라　　　띠엔
Tôi là Tiên.

저는 띠엔입니다.

자신의 이름을 빈칸에 넣어 연습해 보세요.

● 베트남에서 인기 있는 이름

남자 이름	여자 이름
Nam [남]	Ngọc [응옥]
Huy [후이]	Ngân [응언]
Bảo [바오]	Phương [프엉]
Khang [캉]	Mai [마이]
Minh [밍]	Hoa [호아]

단어

tôi [또이] 저
là [라] ~이다

Tip

● 주어+là+명사
주어의 신분이나 정체 등을 말할 때는 「주어+là+명사」 구조를 활용할 수 있습니다. 그러나 là 뒤에 형용사가 위치할 경우에는 어색한 표현이 되므로 là를 생략합니다.

Tôi là đẹp. [또이 라 댑]　　저는 예쁩니다.　　(X)

Tôi đẹp. [또이 댑]　　저는 예쁩니다.　　(O)

또이 뗀 라 띠엔
Tôi tên là Tiên.

제 이름은 띠엔입니다.

또이 라 응어이 한 꾸옥
Tôi là người Hàn Quốc.

저는 한국 사람입니다.

또이 라 년 비엔 꽁 띠
Tôi là nhân viên công ti.

저는 회사원입니다.

또이 라 씽 비엔
Tôi là sinh viên.

저는 대학생입니다.

 엿보기 단어

tên [뗀] 이름

người [응어이] 사람

Hàn Quốc [한 꾸옥] 한국

nhân viên [년 비엔] 직원

công ti [꽁 띠] 회사

sinh viên [씽 비엔] 대학생

저는 ○○입니다.

Tôi là   .

↘ 자신의 이름을 넣어 보세요.

제 이름은 ○○입니다.

Tôi tên là   .

↘ 자신의 이름을 넣어 보세요.

저는 한국 사람입니다.

Tôi là   .

저는 회사원입니다.

Tôi là   .

저는 대학생입니다.

Tôi là   .

질문 있어요!

Q. 나이를 묻거나 말할 때는 어떻게 표현하나요?

나이는 친구나 동료처럼 친밀한 관계에서는 자연스럽게 묻지만, 나이가 많거나 존경받는 사람에게 직접적으로 나이를 묻는 것은 실례가 될 수 있으므로 주의해야 합니다.

● 나이 질문하기

> 2인칭대명사 + bao nhiêu tuổi?

아잉 바오 니에우 뚜오이
Anh bao nhiêu tuổi?　　　　　　　형/오빠 몇 살이에요?

찌 바오 니에우 뚜오이
Chị bao nhiêu tuổi?　　　　　　　누나/언니 몇 살이에요?

● 나이 말하기

> Tôi + 숫자 + tuổi

또이 바므어이람 뚜오이
Tôi 35 tuổi.　　　　　　　　　　저는 35세입니다.

남　나이 또이 바므어이람 뚜오이
Năm nay tôi 35 tuổi.　　　　　　올해 저는 35세입니다.

 **엿보기 단어**

bao nhiêu [바오 니에우] 몇　　　　**năm nay** [남 나이] 올해
tuổi [뚜오이] 나이

안부 묻기

🎧 01-09

안부 인사는 오랜만에 만난 친구나 친근한 사람에게 근황이나 상태를 묻고 상대방의 건강이나 기분에 대한 관심을 의미하기 때문에 친밀감을 형성하는데 중요한 역할을 합니다. 자주 쓰이는 다양한 안부 표현들을 익혀보세요.

★★★★
핵심 표현

자오   나이   아잉   테   나오
Dạo này anh thế nào?

요즘 어떠세요?

↳ 주어는 해석에서 생략되는 경우가 많습니다.

단어

dạo này [자오 나이] 요즘
thế nào [테 나오] 어떻다

Tip   ● thế nào

thế nào는 어떤 주체의 성격, 본질, 품질 등에 대해 물어볼 때 많이 쓰이는 표현으로, 주어 뒤에 사용됩니다.

Cái áo này **thế nào?** [까이 아오 나이 테 나오]   이 옷은 어때요?

Anh ấy **thế nào?** [아잉 어이 테 나오]   그 사람은 어때요?

꽁 비엑 테 나오
Công việc thế nào?

일은 어때요?

꽁 비엑 번 똗 쯔
Công việc vẫn tốt chứ?

일은 여전히 잘 되나요?

머이 비엑 번 똗 쯔
Mọi việc vẫn tốt chứ?

모든 일은 여전히 잘 되고 있나요?

지아 딩 아잉 번 커애 쯔
Gia đình anh vẫn khỏe chứ?

가족들은 여전히 건강하죠?

 엿보기 단어

công việc [꽁 비엑] 일, 업무   mọi việc [머이 비엑] 모든 일

tốt [똗] 좋다, 잘 되고 있다   gia đình [지아 딩] 가족

chú [쯔] ~지요?

요즘 어떠세요?

Dạo này   **?**

일은 어때요?

Công việc   **?**

일은 여전히 잘 되나요?

Công việc   **?**

모든 일은 여전히 잘 되고 있나요?

vẫn tốt chứ?

가족들은 여전히 건강하죠?

Gia đình   **?**

질문 있어요!

Q. '일이 잘 되고 있어요'라는 표현은 어떻게 하나요?

안부 인사 중, '일은 어때요?'의 답변으로 긍정적인 인상을 주기 위해 '일이 잘 되고 있어요'라는 표현을 자주 사용합니다. 간단하게 '잘 됩니다, 좋습니다, 괜찮습니다'의 의미로 이해할 수 있으며, 안부를 묻는 사람에게 편안함과 안심을 줄 수 있는 답변입니다.

꽁 비엑 테 나오
A: Công việc thế nào?

일은 어때요?

꽁 비엑 번 쑤온 쌔
B: Công việc vẫn suôn sẻ.

일은 여전히 순조롭습니다.

꽁 비엑 번 똣
Công việc vẫn tốt.

잘 됩니다 = 좋습니다. (직역: 일이 여전히 잘 됩니다.)

머이 비엑 번 온
Mọi việc vẫn ổn.

괜찮습니다. (직역: 모든 일이 괜찮습니다.)

Unit 6

안부 답하기

어떻게 지내는지에 대한 안부 질문에는 부정적인 대답보다 긍정적인 답변을 하는 것이 일반적입니다. 보통 가볍게 의례적으로 묻는 질문이므로, 대답도 짧고 간결하게 표현하는 것이 좋습니다.

핵심 표현

또이   번   커애
Tôi vẫn khỏe.

나는 여전히 잘 지내고 있어요. (직역: 나는 여전히 건강해요.)

단어

vẫn [번] 여전히
khỏe [커애] 건강하다

Tip • khỏe

khỏe는 활용도 높은 단어 중 하나입니다. '건강하다'라는 의미 외에도 서로의 안부를 묻고 답할 때 쓰이기도 합니다.

Anh khỏe không? [아잉 커애 콩]	건강하세요?
→ **Tôi khỏe.** [또이 커애]	저는 건강합니다.
Tôi không khỏe. [또이 콩 커애]	저는 건강하지 않습니다.

50 오늘부터 **한 줄** 베트남어

또이 빙 트엉

Tôi bình thường.

나는 그럭저럭 지내고 있어요.

> bình thường은 '보통'이란 뜻으로, '별일 없이 그럭저럭 지내고 있다'라는 의미로 이해할 수 있습니다.

콩 꺼 지 딱 비엗

Không có gì đặc biệt.

별일 없어요.

또이 꺼 띤 부이

Tôi có tin vui.

나는 기쁜 소식이 있어요.

자오 나이 또이 번 람

Dạo này tôi bận lắm.

나는 요즘 아주 바빠요.

 엿보기 단어

bình thường [빙 트엉] 보통	bận [번] 바쁘다
đặc biệt [딱 비엗] 특별하다	lắm [람] 아주
tin vui [띤 부이] 기쁜 소식	

나는 여전히 잘 지내고 있어요. (직역: 나는 여전히 건강해요.)

Tôi vẫn   .

나는 그럭저럭 지내고 있어요.

Tôi   .

별일 없어요.

Không có gì   .

나는 기쁜 소식이 있어요.

Tôi có   .

나는 요즘 아주 바빠요.

Dạo này   .

질문 있어요!

Q. 베트남어에도 존댓말이 있나요?

베트남어에도 상대방을 높이거나 자신을 낮추는 표현이 있지만, 한국어처럼 그 종류가 다양하지는 않습니다. 나이가 더 많거나 부모님과 대화할 때 문장 끝에 a를 붙여 상대방에 대한 존중을 나타낼 수 있습니다.

앰 짜오 아잉 아
Em chào anh ạ.   오빠/형, 안녕하십니까.

쭉 보 응우 응언 아
Chúc bố ngủ ngon ạ.   아버지, 안녕히 주무세요.

앰 번 커애 아
Em vẫn khỏe ạ.   저는 여전히 잘 지내고 있습니다.

감사하기

🎧 01-13

감사한 마음을 나타낼 때는 'cảm ơn'을 활용하여 「xin+cảm ơn」 또는 「cảm ơn+ 2인칭대명사」 구조로 다양한 인사 표현을 만들 수 있습니다. 'Xin cảm ơn'은 공손하고 예의 바른 표현으로 일상적인 감사 표현보다 더 정중함을 나타낼 때 사용합니다.

 핵심 표현

씬   깜   언
Xin cảm ơn.

감사드립니다.

단어

cảm ơn [깜 언]
고맙다, 감사하다

Xin
cảm ơn.

 Tip 고마움을 나타내는 표현 중, 가장 흔히 쓰이는 표현으로 'cảm ơn'과 'cám ơn'이 있습니다. 이 두 표현은 성조만 다를 뿐 같은 의미를 가집니다.

형/오빠, 고마워요.

Cảm ơn anh. [깜 언 아잉] = Cám ơn anh. [깜 언 아잉]

깜 언 아잉 털 니에우

Cảm ơn anh thật nhiều.

형/오빠, 정말 많이 고마워요.

아잉 니엩 띵 꾸아

Anh nhiệt tình quá.

형/오빠, 너무 친절하시네요.

깜 언 비 다 지웁 또이

Cảm ơn vì đã giúp tôi.

도와주셔서 고맙습니다.

깜 언 비 다 통 깜

Cảm ơn vì đã thông cảm.

이해해 주셔서 고맙습니다.

 **엿보기 단어**

thật [털] 정말
nhiều [니에우] 많이
nhiệt tình [니엩 띵] 친절하다

giúp [지웁] 돕다, 도와주다
thông cảm [통 깜] 이해하다, 동감하다

감사드립니다.

Xin ~~   ~~.

형/오빠, 정말 많이 고마워요.

~~   ~~ **anh thật nhiều.**

형/오빠, 너무 친절하시네요.

Anh ~~   ~~ **quá.**

도와주셔서 고맙습니다.

Cảm ơn vì đã ~~   ~~.

이해해 주셔서 고맙습니다.

Cảm ơn vì đã ~~   ~~.

질문 있어요!

Q. 감사 인사에 대한 답변은 어떻게 하나요?

'감사합니다'에 대한 일반적인 대답으로 'Không có gì'가 있습니다. 모든 상황에서 무난하게 사용할 수 있으며, 상대방의 감사 인사에 대해 겸손하게 응답할 때 '천만에요, 별말씀을요'의 의미로 사용합니다. 이외에도 다양한 답변을 익혀보세요.

콩　꺼 지
Không có gì.

천만에요. (= 별말씀을요.)

아잉　등　카익　싸오
Anh đừng khách sáo.

형식을 차릴 필요가 없어요.

아잉　카익　싸오 꾸아
Anh khách sáo quá.

별말씀을 다 하시네요.

 **엿보기 단어**

đừng [등] ~하지 마세요

khách sáo [카익 싸오] 체면을 차리다, 형식을 차리다

사과하기

🎧 01-15

사과할 때 가장 많이 쓰는 표현으로 'Xin lỗi'가 있습니다. 공식적이거나 비공식적인 상황 모두 사용할 수 있는 활용도 높은 사과 표현입니다. 이외에도 다양한 사과 표현들을 익혀보세요.

★★★★
핵심 표현

씬　　　로이
Xin lỗi.

미안해요.

단어

xin lỗi [씬 로이]
미안하다, 죄송하다

Tip 한국어에서는 '미안합니다/죄송합니다, 실례합니다'라는 표현을 각각 다른 의미로 사용하지만, 베트남어에서는 이 2가지 의미를 모두 'Xin lỗi'라는 한 가지 표현으로 사용합니다.

타잉   텃   씬   로이

Thành thật xin lỗi.

정말 미안해요.

또이 깜   터이 꺼 로이 꾸아

Tôi cảm thấy có lỗi quá.

너무 미안하게 느껴지네요.

쩌 또이 씬 로이 냬

Cho tôi xin lỗi nhé.

용서해 주세요. (직역: 제 사과를 받아 주세요.)

멍   아잉   통   깜

Mong anh thông cảm.

양해를 부탁드립니다.

 **엿보기 단어**

---

có lỗi [꺼 로이] 잘못이 있다   **mong** [멍] 기대하다, ~했으면 좋겠다

미안해요.

Xin _____.

정말 미안해요.

Thành thật _____.

너무 미안하게 느껴지네요.

Tôi cảm thấy _____ **quá.**

용서해 주세요. (직역: 제 사과를 받아 주세요.)

Cho tôi _____ **nhé.**

양해를 부탁드립니다.

Mong anh _____.

질문 있어요!

Q. 사과에 대한 답변은 어떻게 하나요?

사과에 대한 대표적인 답변으로는 'Không sao.'가 있습니다. 상대방의 사과를 받아들이며 긍정적인 반응을 보일 때 사용합니다. 이외에도 다양한 사과에 대한 답변을 익혀보세요.

콩　싸오
Không sao.　　　　　　　　　괜찮아요.

콩　꺼　번　데　지
Không có vấn đề gì.　　　　　문제없어요.

등　번　떰
Đừng bận tâm.　　　　　　　신경 쓰지 마세요.

 엿보기 단어

vấn đề [번 데] 문제　　　　　　　**bận tâm** [번 떰] 신경 쓰다

위로/격려하기

🎧 01-17

상대방이 힘들어하거나 걱정할 때, 위로와 격려의 말을 전한다면 큰 힘이 될 수 있을 것입니다. 상대방을 안심시키는 다양한 위로와 격려의 표현들을 익혀보세요.

 핵심 표현

머이　비엑　쌔　똗　토이
Mọi việc sẽ tốt thôi.

모든 일이 다 잘될 거예요.

단어

sẽ [쌔] ~할 것이다

 Tip
● mọi

mọi는 '모든'이란 뜻으로, 명사 앞에 위치하며 '모든 사람, 모든 일'과 같이 주로 '사람, 일, 것, 곳' 등을 가리킬 때 사용합니다.

mọi người [머이 응어이]	모든 사람	
mọi nơi [머이 너이]	모든 장소	
mọi lúc [머이 룩]	모든 때, 모든 순간	

꼬   렌

Cố lên.

힘내.

반   람   드억   마

Bạn làm được mà.

너는 할 수 있어.

등   버   꾸옥

Đừng bỏ cuộc.

포기하지 마.

꼬   강   내

Cố gắng nhé.

파이팅.

 엿보기 단어

làm được [람 드억] 할 수 있다	**cố gắng** [꼬 강] 노력하다, 파이팅 하다
bỏ cuộc [버 꾸옥] 포기하다	

모든 일이 다 잘될 거예요.

Mọi việc   .

힘내.

                              .

너는 할 수 있어.

Bạn   **mà.**

포기하지 마.

Đừng   .

파이팅.

                              nhé.

질문 있어요!

Q. 위로와 격려에 대한 답변은 어떻게 하나요?

상대방의 위로나 격려에 감사의 마음을 표현하는 것은 중요한 일입니다. 상대방의 격려에 대한 고마움과 자신의 긍정적인 태도를 보여줄 수 있는 답변을 하는 것이 좋습니다. 위로나 격려는 힘든 시기에 큰 도움이 될 수 있으므로, 감사의 마음을 전하면서 긍정적인 태도로 상황을 이겨나가겠다는 의지를 표현하면 더 큰 응원의 메시지를 전달할 수 있습니다.

깜 언 아잉 다 꾸안 떰
Cảm ơn anh đã quan tâm.　　관심을 가져주서서 고마워요.

깜 언 아잉 또이 쌔 꼬 강
Cảm ơn anh. Tôi sẽ cố gắng.　　고마워요. 노력할게요.

또이 콩 싸오 깜 언 아잉
Tôi không sao. Cảm ơn anh.　　저는 괜찮아요. 고마워요.

Cố gắng nhé!

칭찬하기

🎧 01-19

칭찬은 사교적인 상황에서 상대방에게 좋은 인상을 주고 서로 더 친밀한 관계를 맺을 수 있도록 도와줍니다. 「주어＋làm tốt lắm」 구조를 활용하여 다양한 칭찬 표현들을 익혀보세요.

핵심 표현

아잉　람　똗　람
Anh làm tốt lắm.

아주 잘 하셨어요.

단어

làm [람] 하다

Tip

● tốt

tốt은 '품질/상태/성격 등이 좋다'는 뜻이지만, '~을 잘하다'라는 의미로 쓰이기도 합니다.

hát tốt [핟 똗]	노래를 잘 부르다
làm việc tốt [람 비엑 똗]	일을 잘 하다
học tốt [헉 똗]	공부를 잘 하다

응용 표현 익히기

아잉 저이 털

Anh giỏi thật.

정말 대단하시네요.

아잉 털 쑤얻 싹

Anh thật xuất sắc.

당신은 정말 훌륭해요.

또이 젇 응으엉 모 아잉

Tôi rất ngưỡng mộ anh.

나는 당신을 존경합니다.

또이 젇 뜨 하오 베 아잉

Tôi rất tự hào về anh.

나는 당신이 아주 자랑스러워요.

 엿보기 단어

xuất sắc [쑤얻 싹] 훌륭하다, 우수하다   tự hào [뜨 하오] 자랑스럽다
ngưỡng mộ [응으엉 모] 존경하다, 흠모하다

아주 잘 하셨어요.

Anh   **.**

정말 대단하시네요.

Anh   **.**

당신은 정말 훌륭해요.

Anh   **.**

나는 당신을 존경합니다.

Tôi rất   **.**

나는 당신이 아주 자랑스러워요.

Tôi rất   **về anh.**

질문 있어요!

Q. 칭찬에 대한 겸손한 답변은 어떻게 하나요?

상대방의 칭찬을 받아들이되 지나치게 자랑하지 않고 겸손함을 나타내는 표현으로는 '고맙지만 과찬이다' 또는 '아직 부족하다' 등의 의미를 내포하고 있는 표현들을 사용하여 겸손함과 예의를 지키는 것이 좋습니다.

또이 껀 파이 꼬 강 니에우
Tôi còn phải cố gắng nhiều.　　　나는 여전히 많이 노력해야 해요.

깜 언 아잉 다 동 비엔
Cảm ơn anh đã động viên.　　　격려해 주셔서 감사합니다.

꾸아 캔 조이 아
Quá khen rồi ạ.　　　과찬이세요.

 **엿보기 단어**

động viên [동 비엔] 격려하다　　　　　**khen** [캔] 칭찬하다

응원하기

🎧 01-21

중요한 도전이나 새로운 시작을 앞둔 상대방에게 따뜻하고 긍정적인 응원의 표현들은 상대방에게 자신감과 희망을 북돋워 줄 수 있습니다. 간단하지만 의미 있는 다양한 응원 표현들을 익혀보세요.

★★★★

핵심 표현

또이   웅   호   아잉
Tôi ủng hộ anh.

당신을 응원할게요.

단어

ủng hộ [웅 호]

옹호하다, 지지하다, 응원하다

Tôi ủng hộ anh.

Tip

● ủng hộ 활동

베트남은 태풍이나 홍수로 인한 심각한 피해를 자주 입기 때문에, 베트남 조국전선위원회는 국민들이 피해자들을 지지하는 마음을 표현할 수 있도록 모금 계좌를 열어 운영하고 있습니다. 기부 기간이 끝나면 조국전선위원회는 모금된 금액을 피해자들에게 전달하는데, 이 행위를 'ủng hộ'라고 하며, 기부 계좌를 'quỹ ủng hộ [꾸이웅호]'라고 합니다.

응용 표현 익히기   🎧 01-22

또이 쌔 지웁 아잉

Tôi sẽ giúp anh.

당신을 도와줄게요.

또이 쌔 호 쩌 아잉

Tôi sẽ hỗ trợ anh.

당신을 지원할게요.

또이 쌔 벤 까잉 아잉

Tôi sẽ bên cạnh anh.

당신 옆에 있을게요.

키 껀 하이 너이 버이 또이

Khi cần hãy nói với tôi.

필요하면 나에게 말해요.

 엿보기 단어

hỗ trợ [호 쩌] 지원하다   nói [너이] 말하다

bên cạnh [벤 까잉] 옆에 있다

당신을 응원할게요.

Tôi ⬚⬚⬚⬚⬚ anh.

당신을 도와줄게요.

Tôi sẽ ⬚⬚⬚⬚⬚⬚⬚.

당신을 지원할게요.

Tôi sẽ ⬚⬚⬚⬚⬚⬚.

당신 옆에 있을게요.

Tôi sẽ ⬚⬚⬚⬚⬚.

필요하면 나에게 말해요.

Khi cần ⬚⬚⬚⬚⬚⬚.

질문 있어요!

Q. 스포츠 경기를 볼 때 베트남인들은 어떻게 응원하나요?

베트남인들은 스포츠 경기를 관람할 때 매우 열정적으로 응원합니다. 특히 축구를 매우 사랑하며, 경기장에서는 'Việt Nam vô địch!'이라는 구호를 외치면서 박수와 다양한 응원 도구로 분위기를 고조시킵니다. 거리나 가정에서도 TV 앞에 모여 함께 경기를 즐기며 열정적으로 응원하는 모습을 쉽게 볼 수 있습니다.

시내에 모여 축구 대표팀을 응원하는 모습

비엔 남 보 딕
Việt Nam vô địch!　　　베트남 천하무적!

비엔 남 꼬 렌
Việt Nam cố lên!　　　베트남 파이팅!

Việt Nam cố lên!

부탁하기

🎧 01-23

베트남인들은 부탁할 때, 친한 사이에서는 부드럽고 친근한 표현을 사용하지만 공식적인 상황이나 처음 만나는 사람에게는 정중하고 예의 바른 표현을 씁니다. 관계에 따른 다양한 부탁 표현들을 익혀보세요.

아잉 꺼 테 지웁 또이 콩

Anh có thể giúp tôi không?

저를 도와줄 수 있나요?

단어

có thể [꺼 테] ~할 수 있다

Giúp tôi với.

 Tip 친한 사이에서는 부탁할 때 친근한 표현으로 웃으며 부드럽게 부탁합니다. 정중하지 않은 태도가 아니라, 친근감을 표현하는 방식으로 이해할 수 있습니다.

A: Bạn giúp mình nhé? [반 지웁 밍 내]   나 좀 도와줄래?

B: Ừ. [으]   응.

람 언 지웁 또이
Làm ơn giúp tôi.

제발 저를 도와주세요.

※ 정중한 표현

지웁 또이 버이
Giúp tôi với.

저를 도와줘요.

지웁 또이 비엑 나이 내
Giúp tôi việc này nhé.

이 일을 도와줘요.

지웁 또이 몯 쭏 내
Giúp tôi một chút nhé.

저를 좀 도와줘요.

 엿보기 단어

làm ơn [람 언] 호의를 베풀다, 제발　　**một chút** [몯 쭏] 잠시, 조금

저를 도와줄 수 있나요?

Anh   **tôi không?**

제발 저를 도와주세요.

                tôi.

저를 도와줘요.

                với.

이 일을 도와줘요.

Giúp tôi   **.**

저를 좀 도와줘요.

Giúp tôi   **.**

질문 있어요!

 Q. 베트남 여행 시, 주의할 점이 있나요?

베트남은 일반적으로 안전한 여행지로 알려져 있습니다. 그러나 몇 가지 주의사항을 확인하면 더 안전하고 즐거운 여행이 될 수 있습니다.

1. 지폐

베트남 지폐는 종류가 많아서 결제 시 가치를 헷갈리지 않도록 주의해야 합니다. 특히 2만 동과 50만 동 지폐는 비슷하게 생겼으므로 더욱 조심해야 합니다.

2. 오토바이

베트남인들은 어릴 때부터 오토바이에 익숙하지만, 한국인에게는 위험할 수 있습니다. 베트남을 여행 중이라면, 오토바이 택시보다 안전한 택시를 이용하는 것이 좋습니다.

3. 문화

베트남은 개방적인 면도 있지만 여전히 보수적인 문화를 가지고 있으므로, 공공장소에서 큰 소리로 말하거나 남녀 간의 포옹, 입맞춤 등 과도한 신체 접촉은 자제하는 것이 좋습니다.

제안하기

🎧 01-25

약속이나 어떤 것을 제안할 때는 상대방에 대한 존중을 바탕으로 부드럽고 예의 있게 표현하는 것이 중요합니다. 베트남인들은 제안이나 부탁 시, 부드럽게 표현할 때 사용하는 nhé 단어를 자주 사용합니다. 이외의 다양한 제안 표현들을 익혀보세요.

★★★★
핵심 표현

쭝   따   갑   냐우   내
Chúng ta gặp nhau nhé?

우리 만날까요?

단어

chúng ta [쭝 따] 우리

Tip 베트남인들은 글이나 문자를 보낼 때는 nhé를 자주 사용하고, 말할 때는 nhé [내]를 nhá [냐]로 발음하는 경향이 있으므로 발음과 쓰임에 주의하세요.

글, 문자 : **Chúng ta gặp nhau nhé?** [쭝 따 갑 냐우 내]

대화 : **Chúng ta gặp nhau nhá?** [쭝 따 갑 냐우 냐]

쯩 따 갑 냐우 디
Chúng ta gặp nhau đi.

우리 만나자.

* 친한 사이에서 쓰는 표현입니다.
* đi : 제안할 때 동의를 유도하는 의미로도 쓰입니다.

쯩 따 갑 냐우 티 테 나오
Chúng ta gặp nhau thì thế nào?

우리 만나는 게 어때요?

또이 응이 라 쯩 다 넨 갑 냐우
Tôi nghĩ là chúng ta nên gặp nhau.

저는 우리가 만나야 한다고 생각해요.

* nên : 제안할 때 주로 쓰입니다.

또이 데 응이 쯩 따 갑 냐우
Tôi đề nghị chúng ta gặp nhau.

우리가 만날 것을 제안합니다.

* 공식적 표현

 **엿보기 단어**

đi [디] ～해라, 해요

nên [넨] ～하는 게 좋겠다

để nghị [데 응이] 제의하다, 제안하다

우리 만날까요?

Chúng ta   **?**

우리 만나자.

Chúng ta   **.**

우리 만나는 게 어때요?

Chúng ta   **?**

저는 우리가 만나야 한다고 생각해요.

Tôi nghĩ là   **.**

우리가 만날 것을 제안합니다.

Tôi đề nghị   **.**

Q. 제안에 대한 답변은 어떻게 하나요?

제안에 대한 답변은 상황에 따라 긍정적이거나 부정적인 대답으로 나뉠 수 있습니다. 상대방을 배려하고 상황에 맞게 적절히 표현하는 것이 중요합니다. 결정을 내리지 못한 경우에는 '생각해 볼게요'와 같은 중립적인 표현을 사용해 시간을 가지는 것도 좋은 방법입니다.

● 긍정적 표현

또이 동 이
Tôi đồng ý.　　　　　　　　　동의해요.

벙　　드억 아
Vâng, được ạ.　　　　　　　　네, 가능해요.

● 부정적 표현

씬 로이 또이 써 라 커
Xin lỗi, tôi sợ là khó.　　　　　미안하지만, 어려울 것 같아요.

씬 로이 녀응 짝 라 콩 드억
Xin lỗi nhưng chắc là không được.　　미안하지만, 안 될 것 같아요.

● 중립적 표현

또이 쌔 쑤이 응이 템
Tôi sẽ suy nghĩ thêm.　　　　　좀 더 생각해 볼게요.

또이 쌔 꼬 강 쌉 쎕 터이 지안
Tôi sẽ cố gắng sắp xếp thời gian.　　시간을 내려고 노력할게요.

몸 상태 표현하기

🎧 01-27

아플 때는 '건강하다'라는 뜻의 **khỏe** 앞에 부정어인 **không**을 붙여서 몸이 좋지 않음을 표현할 수 있습니다. 아프거나 불편한 부위에 대한 다양한 표현들을 익혀보세요.

핵심 표현

또이　　콩　　커애
Tôi không khỏe.

나는 몸이 안 좋아요.

단어

không [콩] 아니하다, 않다

> Tôi không khỏe.

Tip 일상생활에서 어떤 일이 발생했거나 어떤 상태에 처해 있음을 나타낼 때 **bị**를 많이 사용합니다. **bị**는 '당하다, 겪다, 걸리다'의 뜻으로 부정적인 의미를 나타냅니다.

Tôi bị muộn. [또이 비 무온]　　나는 늦었어요.

Tôi bị tắc đường. [또이 비 딱 드엉] 나는 교통체증에 걸렸어요.

또이 비 다우 더우

Tôi bị đau đầu.

나는 머리가 아파요.

또이 비 쏘 무이

Tôi bị sổ mũi.

나는 콧물이 나요.

또이 비 쏟

Tôi bị sốt.

나는 열이 나요.

또이 비 다우 붕

Tôi bị đau bụng.

나는 배가 아파요.

 엿보기 단어

bị [비] 당하다, 겪다, 걸리다

đau đầu [다우 더우] 머리가 아프다, 두통

sổ mũi [쏘 무이] 콧물이 나다

sốt [쏟] 열이 나다

đau bụng [다우 붕] 배가 아프다

나는 몸이 안 좋아요.

Tôi   .

나는 머리가 아파요.

Tôi   .

나는 콧물이 나요.

Tôi   .

나는 열이 나요.

Tôi   .

나는 배가 아파요.

Tôi   .

질문 있어요!

Q. 상대방이 아플 때 회복을 기원하는 표현은 어떻게 하나요?

베트남인들은 건강을 위해 식습관, 운동, 전통적인 치료법 등을 중요하게 여깁니다. 'sức khỏe là vàng [쓱 커애 라 방](건강은 금이다)'라는 속담이 있을 만큼 건강은 베트남인들에게 중요한 문화 요소 중 하나입니다. 그만큼 건강 회복을 기원하는 다양한 표현들이 있으며, 상대방의 건강을 염려하고 빠른 회복을 바라는 마음을 담고 있습니다. 다양한 회복 기원 표현들을 익혀보세요.

쭉 아잉 마우 커애
Chúc anh mau khỏe.
빨리 건강해지길 바라요.

쭉 아잉 마우 호이 푹
Chúc anh mau hồi phục.
빠른 회복을 바라요.

쭉 아잉 썸 커애 라이
Chúc anh sớm khỏe lại.
다시 건강해지길 바라요.

 엿보기 단어

hồi phục [호이 푹] 회복하다

감정 표현하기

🎧 01-29

감정을 표현할 때는 상황에 맞는 형용사를 사용하여 구체적이고 풍부한 감정을 나타낼 수 있습니다. 「Tôi cảm thấy+형용사 : 나는 ~을 느낀다」 구조를 활용하여 다양한 감정 표현들을 익혀보세요.

핵심 표현

또이   깜   터이   부온

Tôi cảm thấy buồn.

나는 슬픔을 느껴요.

단어를 바꿔서 표현해 보세요.

- hạnh phúc [하잉 푹] 행복하다
- vui [부이] 기쁘다
- lo lắng [러 랑] 걱정되다
- căng thẳng [깡 탕] 긴장되다

단어

cảm thấy [깜 터이] 느끼다
buồn [부온] 슬프다

Tip 베트남인들은 일반적으로 감정을 신중하게 표현하지만, 가족이나 친구 사이에서는 좀 더 자유롭게 감정을 나눕니다. 기쁨이나 감사, 애정은 편하게 드러내고 화나거나 실망스러운 감정은 예의를 지키며 차분하게 표현합니다. 또한, 공공장소나 공식적인 자리에서는 감정을 절제하고 가까운 사람들과는 편안하게 공유하는 문화가 있습니다.

콩 테 띤 드억

Không thể tin được.

믿을 수가 없네요.

버이 지어 또이 젙 부이

Bây giờ tôi rất vui.

지금 나는 아주 기뻐요.

또이 녀 비엗 남

Tôi nhớ Việt Nam.

나는 베트남이 그리워요.

하오 흑 꾸아

Háo hức quá.

너무 기대되네요.

 엿보기 단어

không thể … được [콩 테 드억] ～(으)ㄹ 수가 없다
tin [띤] 믿다
bây giờ [버이 지어] 지금

nhớ [녀] 그립다, 보고 싶다
háo hức [하오 흑] 기대되다

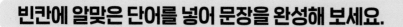
나는 슬픔을 느껴요.

Tôi cảm thấy .

믿을 수가 없네요.

Không thể **được.**

지금 나는 아주 기뻐요.

Bây giờ tôi .

나는 베트남이 그리워요.

Tôi .

너무 기대되네요.

quá.

질문 있어요!

Q. 다양한 상황에서 쓸 수 있는 감탄사가 궁금해요!

감정을 표현할 때는 단어나 구조뿐만 아니라 감정을 강조하는 데 도움이 되는 감탄사를 같이
사용하면 더욱 풍부한 감정 상태를 나타낼 수 있습니다. 다양한 감탄사를 익혀보세요.

● 상황별 감탄사

Ôi trời ơi! [오이 쩌이 어이]	세상에!	놀람, 감탄
Thật à? [텃 아]	정말요?	믿기 힘들 때
Chết rồi! [쩯 조이]	망했네!	상황이 안 좋을 때
Sao thế? [싸오 테]	왜 그래요?	놀라면서 상황을 확인하고자 할 때
Bất ngờ quá! [벗 응어 꾸아]	너무 놀라워!	놀랍거나 예기치 않은 상황에 직면했을 때
Không thể như thế được! [콩테 느테 드억]	그럴 리가 없어요!	너무 놀라서 믿기 어려울 때

Chết rồi!

의견 말하기

🎧 01-31

어떻게 생각하는지 묻는 질문에는 짧더라도 긍정적인 내용의 답변을 하는 것이 일반적입니다. 「Tôi nghĩ+의견 : 나는 ~라고 생각합니다」 구조를 활용하면 자신의 의견을 다양하게 표현할 수 있습니다.

 핵심 표현

또이   응이   라   드억
Tôi nghĩ là được.

나는 괜찮다고 생각해요.

단어를 바꿔서 표현해 보세요.

- khó [커] 어렵다
- dễ [제] 쉽다
- có thể [꺼 테] 할 수 있다
- không thể [콩 테] 할 수 없다

단어

nghĩ [응이] 생각하다
được [드억] 되다, 괜찮다

 Tip ● 상대방의 의견을 물어볼 때

의견을 물어볼 때는 상대방을 존중하며 자연스럽게 질문하는 것이 중요합니다. 다양한 표현을 사용하여 상대방의 생각이나 의견을 물어볼 수 있습니다.

Anh nghĩ thế nào? [아잉 응이 테 나오]	당신은 어떻게 생각해요?
Bạn nghĩ thế nào? [반 응이 테 나오]	너는 어떻게 생각해?
Anh có ý kiến không? [아잉 꺼 이 끼엔 콩]	당신은 의견이 있나요?

또이 꿍 응이 느 테

Tôi cũng nghĩ như thế.

저도 그렇게 생각해요.

또이 응이 아잉 너이 둥

Tôi nghĩ anh nói đúng.

나는 당신 말이 맞다고 생각해요.

또이 콩 꺼 이 끼엔

Tôi không có ý kiến.

나는 의견이 없어요.

지아이 팝 나이 콩 헙 리 람

Giải pháp này không hợp lý lắm.

이 해결책은 그다지 합리적이지 않아요.

 **엿보기 단어**

như thế [느 테] 그렇게	giải pháp [지아이 팝] 해결책
đúng [둥] 맞다	không … lắm [콩 람] 그다지 ~하지 않다
ý kiến [이 끼엔] 의견	hợp lý [헙 리] 합리적이다

나는 괜찮다고 생각해요.

Tôi nghĩ là .

저도 그렇게 생각해요.

Tôi **như thế.**

나는 당신 말이 맞다고 생각해요.

Tôi nghĩ .

나는 의견이 없어요.

Tôi không có .

이 해결책은 그다지 합리적이지 않아요.

Giải pháp này .

질문 있어요!

Q. 무언가 마음에 들 때는 어떻게 표현하나요?

무언가 마음에 들 때는 '좋아하다, 마음에 들다'의 뜻을 가진 **thích** 단어를 활용하여 다양한 표현을 나타낼 수 있습니다. 일상생활에서 상대방이나 사물 또는 생각에 대한 긍정적인 감정을 전하거나 칭찬할 때 자주 사용합니다.

또이 틱 이 뜨엉 나이
Tôi thích ý tưởng này.　　　　　나는 이 아이디어가 마음에 들어요.

또이 틱 반
Tôi thích bạn.　　　　　나는 당신이 마음에 들어요.

또이 틱 먼 안 나이
Tôi thích món ăn này.　　　　　나는 이 요리가 마음에 들어요.

엿보기 단어

ý tưởng [이 뜨엉] 아이디어

món ăn [먼 안] 요리

약속하기

🎧 01-33

약속을 정할 때는 '주어＋có thời gian không?(주어가 시간 있나요?)' 표현을 자주 사용합니다. 「약속 날짜/시간＋주어＋có thời gian không?」 구조를 활용한 다양한 약속 표현들을 익혀보세요.

핵심 표현

응아이 마이 아잉 꺼 터이 지안 콩

Ngày mai anh có thời gian không?

당신은 내일 시간 있나요?

단어를 바꿔서 표현해 보세요.

● 날짜와 시간

hôm nay [홈 나이]	오늘
ngày kia [응아이 끼어]	모레
buổi sáng [부오이 쌍]	아침
buổi chiều [부오이 찌에우]	오후
buổi tối [부오이 또이]	저녁

단어

ngày mai [응아이 마이] 내일
có [꺼] 있다, 가지다
thời gian [터이 지안] 시간

쭝 따 갑 냐우 룩 머이 지어
Chúng ta gặp nhau lúc mấy giờ?

우리 몇 시에 만나요?

쭝 따 갑 냐우 어 더우
Chúng ta gặp nhau ở đâu?

우리 어디서 만나요?

응아이 마이 갑 냐우 드억 콩
Ngày mai gặp nhau được không?

우리 내일 만날 수 있을까요?

키 나오 아잉 꺼 터이 지안
Khi nào anh có thời gian?

당신은 언제 시간이 있나요?

 엿보기 단어

---

mấy giờ [머이 지어] 몇 시
ở đâu [어 더우] 어디서, 어디에

khi nào [키 나오] 언제

당신은 내일 시간 있나요?

Ngày mai anh   **?**

우리 몇 시에 만나요?

Chúng ta gặp nhau   **?**

우리 어디서 만나요?

Chúng ta gặp nhau   **?**

우리 내일 만날 수 있을까요?

Ngày mai   **?**

당신은 언제 시간이 있나요?

                       anh có thời gian?

질문 있어요!

Q. 거절 표현 (1) : 약속 제안의 거절은 어떻게 하나요?

약속을 제안받았을 때 거절해야 한다면, 예의를 지켜서 부드럽게 거절하는 것이 중요합니다. '안돼요'처럼 직접적인 거절은 피하고 이유를 덧붙여 상대방의 마음이 상하지 않도록 유연하게 거절하는 것이 좋습니다.

씬 로이 또이 다 꺼 께 화익 칵
Xin lỗi, tôi đã có kế hoạch khác.　　죄송하지만, 저는 다른 계획이 있어요.

띠엑 꾸아 또이 꺼 핸 쯔억 조이
Tiếc quá, tôi có hẹn trước rồi.　　너무 아쉽지만, 저는 선약이 있어요.

쭝 따 핸 룩 칵 드억 콩
Chúng ta hẹn lúc khác được không?　　다른 시간에 약속 잡을 수 있나요?

 **엿보기 단어**

kế hoạch khác [께 화익 칵] 다른 계획　　　　**hẹn trước** [핸 쯔억] 선약

tiếc [띠엑] 아쉽다

Unit 18

승낙/찬성하기

🎧 01-35

약속이나 초대를 제안받은 경우, 간단히 'Vâng/Dạ.(네.)' 또는 'Ừ.(응.)'으로 답하기보다는 좀 더 적극적이고 다양한 표현으로 상대방의 제안을 기쁘게 받아들이는 것이 좋습니다. 다양한 승낙 및 찬성 표현들을 익혀보세요.

★★★★★
핵심 표현

또이 젇 싼 렁
Tôi rất sẵn lòng.

매우 기꺼이.

단어

sẵn lòng [싼 렁] 기꺼이

Tôi rất sẵn
lòng.

Tip 약속이나 초대 제안을 받았을 때는 감사 표현을 하는 것이 상대방에 대한 예의입니다.

깜 언 아잉 비 다 머이 또이
Cảm ơn anh vì đã mời tôi. 초대해 줘서 고마워요.

또이 젇 부이 비 아잉 머이 또이
Tôi rất vui vì anh mời tôi. 나를 초대해 줘서 매우 기뻐요.

떤 니엔 드억 조이
Tất nhiên được rồi.

물론 가능하죠.

지 니엔 또이 쌔 탐 지아
Dĩ nhiên tôi sẽ tham gia.

당연히 참석하죠.

또이 딴 타잉
Tôi tán thành.

찬성합니다.

깜 언 아잉 또이 쌔 탐 지아
Cảm ơn anh. Tôi sẽ tham gia.

고마워요. 참석할게요.

 **엿보기 단어**

---

tất nhiên [떤 니엔] 물론
dĩ nhiên [지 니엔] 당연히

tham gia [탐 지아] 참석하다
tán thành [딴 타잉] 찬성하다

매우 기꺼이.

Tôi rất   .

물론 가능하죠.

Tất nhiên   .

당연히 참석하죠.

Dĩ nhiên   .

찬성합니다.

Tôi   .

고마워요. 참석할게요.

Cảm ơn anh. Tôi sẽ   .

질문 있어요!

Q. 초대에 바로 승낙할 수 없을 때는 어떻게 답변하나요?

베트남인들은 초대에 바로 승낙하기 어려운 경우, 부정적인 대답을 피하고 시간을 두어 고민할 여지를 남기는 경우가 많습니다. 즉시 승낙하기 어렵지만 긍정적인 태도로 생각할 시간을 갖겠다는 의미로 바로 거절해야 할 상황이 아니라면 시간을 두고 답변하는 것을 추천합니다.

또이 쌔 쑤이 응이 템
Tôi sẽ suy nghĩ thêm.

좀 더 생각해 볼게요.

또이 쌔 끼엠 짜 바 짜 러이 싸우 내
Tôi sẽ kiểm tra và trả lời sau nhé.

제가 확인하고 나중에 답변드릴게요.

쯔어 짝 녀응 꺼 래 드억
Chưa chắc nhưng có lẽ được.

확실하지 않지만, 아마 될 것 같아요.

 **엿보기 단어**

suy nghĩ [쑤이 응이] 생각하다   **trả lời** [짜 러이] 대답하다

kiểm tra [끼엠 짜] 확인하다, 검토하다

Unit 19

거절하기

🎧 01-37

약속이나 초대를 부득이하게 거절할 때는 상대방의 기분이 상하지 않도록 정중하게 거절하는 것이 중요합니다. 'Xin lỗi nhưng(미안하지만)'이란 표현을 활용하여 정중한 거절 표현들을 익혀보세요.

핵심 표현

씬 로이 녀응 또이 꺼 핸 쯔억 조이

Xin lỗi, nhưng tôi có hẹn trước rồi.

미안하지만, 선약이 있어요.

단어를 바꿔서 표현해 보세요.

▫ tiếc quá [띠엑 꾸아] 정말/너무 아쉽다

▫ cảm ơn [깜 언] 고맙다

단어

xin lỗi [씬 로이]
미안하다, 죄송하다

hẹn trước [핸 쯔억] 선약

Tip Xin lỗi는 사과의 의미 외에도 상황에 따라 '실례합니다'의 의미로도 사용됩니다.

씬 로이 쩌 또이 허이 버이 지어 라 머이 지어
Xin lỗi, cho tôi hỏi bây giờ là mấy giờ? 실례합니다. 지금 몇 시인가요?

씬 로이 또이 꺼 테 응오이 어 더이 콩
Xin lỗi, tôi có thể ngồi ở đây không? 실례합니다. 여기 앉아도 될까요?

씬 로이 녀응 응아이 더 또이 콩 꺼 터이 지안

Xin lỗi, nhưng ngày đó tôi không có thời gian.

미안하지만, 그날은 시간이 없어요.

또이 꺼 비엑 번 조이

Tôi có việc bận rồi.

나는 바쁜 일이 있어요.

응아이 더 또이 파이 디 람

Ngày đó tôi phải đi làm.

그날은 출근해야 해요.

핸 아잉 집 칵

Hẹn anh dịp khác.

다음에 약속해요. (직역: 다음 기회에 만나요.)

 **엿보기 단어**

không có [콩 꺼] 없다	**đi làm** [디 람] 일하러 가다, 출근하다
việc bận [비엑 번] 바쁜 일	**dịp khác** [집 칵] 다른 기회

미안하지만, 선약이 있어요.

_____, nhưng tôi có hẹn trước rồi.

미안하지만, 그날은 시간이 없어요.

Xin lỗi, nhưng ngày đó _____.

나는 바쁜 일이 있어요.

Tôi có _____.

그날은 출근해야 해요.

Ngày đó tôi _____.

다음에 약속해요. (직역: 다음 기회에 만나요.)

Hẹn anh _____.

질문 있어요!

Q. 거절 표현 (2) : 다른 거절 표현도 궁금해요!

거절할 때는 상대방이 실망하지 않고 납득할 수 있도록 이유를 말해 주는 것이 좋습니다.

깜 언 녀응 자오 나이 또이 번 꾸아
Cảm ơn nhưng dạo này tôi bận quá.

고맙지만, 저는 요새 너무 바빠요.

깜 언 녀응 응아이 더 또이 파이 디 꽁 딱
Cảm ơn nhưng ngày đó tôi phải đi công tác.

고맙지만, 저는 그날에 출장 가야 해요.

또이 젇 무온 디 녀응 응아이 더 또이 파이 디 람
Tôi rất muốn đi nhưng ngày đó tôi phải đi làm.

정말 가고 싶지만, 그날은 일하러 가야 해요.

Hẹn anh dịp khác.

취미 묻고 답하기

🎧 01-39

상대방과 친밀도를 높이는 가장 좋은 대화 주제 중 하나는 '취미'입니다. 취미를 이야기하며 친근한 분위기를 만들고 자연스럽게 대화를 이어갈 수 있습니다. 취미에 대한 질문과 답변에 활용할 다양한 표현들을 익혀보세요.

핵심 표현

써   틱   꾸어   아잉   라   지
Sở thích của anh là gì?

취미가 뭐예요?

단어

sở thích [써 틱] 취미
của [꾸어] ~의 (소유격)
gì [지] 무엇, 무슨

● 취미 답변 만들기

취미에 관한 질문의 간단하고 다양한 답변을 만들어 보세요.

> **Sở thích của tôi là + 취미** : 내 취미는 ~입니다

đọc sách [덕 싸익] 독서   **nghe nhạc** [응애 낙] 음악을 듣다

xem phim [쌤 핌] 영화를 보다   **chơi thể thao** [쩌이 테 타오] 스포츠를 하다

chơi gôn [쩌이 곤] 골프를 하다   **bơi** [버이] 수영하다

chạy bộ [짜이 보] 조깅하다   **đàn piano** [단 피아노] 피아노를 치다

아잉 틱 지
Anh thích gì?

무엇을 좋아해요?

아잉 꺼 틱 응애 냑 콩
Anh có thích nghe nhạc không?

음악 듣는 것을 좋아해요?

또이 틱 쩌이 곤
Tôi thích chơi gôn.

나는 골프를 좋아해요.

또이 트엉 짜이 보
Tôi thường chạy bộ.

나는 조깅을 자주 해요.

 **엿보기 단어**

thích [틱] 좋아하다   thường [트엉] 자주, 보통
gôn [곤] 골프   chạy bộ [짜이 보] 조깅하다

취미가 뭐예요?

của anh là gì?

무엇을 좋아해요?

Anh　　　　　　?

음악 듣는 것을 좋아해요?

Anh có 　　　　　　 không?

나는 골프를 좋아해요.

Tôi　　　　　.

나는 조깅을 자주 해요.

Tôi　　　　　.

Q. 다른 취미 질문들도 궁금해요!

취미는 보통 시간이 있을 때 하는 활동이므로, 'Khi có thời gian(시간이 있을 때)' 어휘를 활용하여 취미에 대한 질문과 답변을 만들 수 있습니다.

> Khi có thời gian, + 주어 + thường làm gì?
>
> : 시간이 있을 때, (주어)는 보통 무엇을 하세요?

키 꺼 터이 지안 아잉 트엉 람 지
Khi có thời gian, anh thường làm gì?

시간이 있을 때, 당신은 보통 무엇을 하세요?

> Khi có thời gian, tôi thường + 취미
>
> : 시간이 있을 때, 저는 보통 (취미)해요

키 꺼 터이 지안 또이 트엉 덕 싸익
Khi có thời gian, tôi thường đọc sách.

시간이 있을 때, 저는 보통 책을 읽어요.

날씨 말하기

🎧 01-41

날씨에 관한 이야기는 대화를 자연스럽게 이끌어주며 상대방과의 공감대를 형성할 수 있는 좋은 주제 중 하나입니다. 베트남은 열대 기후로 더운 날씨가 대부분이며 우기와 건기가 뚜렷하게 나뉘기 때문에 날씨에 대한 대화가 많습니다.

핵심 표현

홈 나이 쩌이 넝

Hôm nay trời nóng.

오늘 날씨가 더워요.

단어를 바꿔서 표현해 보세요.

◦ **lạnh** [라잉] 춥다

◦ **mát** [맏] 시원하다

◦ **ấm** [엄] 따뜻하다

◦ **ẩm** [엄] 습하다

◦ **mưa** [므어] 비오다

◦ **âm u** [엄우] 흐리다

◦ **có tuyết** [꺼 뚜옌] 눈이 있다

단어

hôm nay [홈 나이] 오늘
trời [쩌이] 하늘, 날씨
nóng [넝] 덥다

쩌이　　므어　　떠　　꾸아

Trời mưa to quá.

비가 많이 오네요. (직역: 비가 크네요.)

홈　　나이　　꺼　　바오

Hôm nay có bão.

오늘 태풍이 와요. (직역: 오늘 태풍이 있어요.)

뚜엩　　저이　　니에우　　꾸아

Tuyết rơi nhiều quá.

눈이 많이 내리네요.

지어　　토이　　마잉　　꾸아

Gió thổi mạnh quá.

바람이 너무 세게 불어요.

 엿보기 단어

to [떠] 크다	**rơi** [저이] 떨어지다
có [꺼] 있다, 가지다	**gió** [지어] 바람
bão [바오] 태풍	**thổi** [토이] 불다
tuyết [뚜엩] 눈	**mạnh** [마잉] 세다

오늘 날씨가 더워요.

Hôm nay trời ⬛⬛⬛⬛.

비가 많이 오네요. (직역: 비가 크네요.)

Trời ⬛⬛⬛⬛⬛⬛.

오늘 태풍이 와요. (직역: 오늘 태풍이 있어요.)

Hôm nay ⬛⬛⬛⬛.

눈이 많이 내리네요.

⬛⬛⬛⬛ nhiều quá.

바람이 너무 세게 불어요.

Gió ⬛⬛⬛⬛⬛.

질문 있어요!

Q. 베트남의 계절이 궁금해요!

베트남 북부 지방은 사계절이 뚜렷하며, 여름은 고온 다습하고 겨울은 춥고 건조합니다. 남부 지방은 우기와 건기로 나뉩니다. 우기는 5월~10월까지이며, 많은 비가 내리고 날씨도 매우 덥고 습합니다. 건기는 11월~4월까지로, 비가 적고 건조하며 더운 날씨가 지속됩니다.

베트남인들에게 한국 날씨도 소개해 보세요.

한   꾸옥   꺼 본 무어

Hàn Quốc có 4 mùa.

한국은 사계절이 있습니다.

한   꾸옥   꺼 무어 쑤언   무어 해 무어 투 무어   동

Hàn Quốc có mùa xuân, mùa hè, mùa thu, mùa đông.

한국에는 봄, 여름, 가을, 겨울이 있습니다.

 엿보기 단어

mùa [무어] 계절

mùa xuân [무어 쑤언] 봄

mùa hè [무어 해] 여름

mùa thu [무어 투] 가을

mùa đông [무어 동] 겨울

축하하기

🎧 01-43

축하 표현은 상대방의 기쁨을 함께 나누고 행복을 기원하는 마음을 전달합니다. 가장 일반적인 축하 표현으로 'Chúc mừng.(축하합니다.)'이 있습니다. 주로 결혼, 생일, 승진 등을 축하할 때 쓰이며, 뒤에 주어를 넣어 축하 대상을 구체적으로 표현할 수 있습니다.

핵심 표현

쭉　　　　　　　　　 믕　　　　　　　 아잉
Chúc mừng anh!

축하해요! (직역: 당신에게 축하드려요!)

단어

chúc mừng [쭉 믕]
축하하다

Tip　● chúc과 chúc mừng의 사용

① chúc : '기원하다'라는 뜻으로, 일어나지 않는 일에 대한 어떤 바람이나 기원을 표현할 때 사용합니다.

Chúc em hạnh phúc. [쭉 앰 하잉 푹] 행복하길 바라요.

② chúc mừng : '축하하다'라는 뜻으로, 얻은 성과나 성취 및 생일 등을 축하할 때 사용합니다.

Chúc mừng sinh nhật em! [쭉 믕 씽 녇 앰] 생일 축하해요!

쭉 믕 앰 티 도
Chúc mừng em thi đỗ!
시험에 합격한 것을 축하해요!

쭉 믕 아잉 드억 탕 쯕
Chúc mừng anh được thăng chức!
승진한 것을 축하해요!

쭉 믕 씽 녓 앰
Chúc mừng sinh nhật em!
생일 축하해요!

쭉 믕 앰 다 갑 드억 응어이 똗
Chúc mừng em đã gặp được người tốt!
좋은 사람을 만나게 된 것을 축하해요!

 엿보기 단어

thi đỗ [티 도] 시험에 합격하다

thăng chức [탕 쯕] 승진하다

sinh nhật [씽 녓] 생일

người tốt [응어이 똗] 좋은 사람

축하해요! (직역: 당신에게 축하드려요!)

anh!

↘ 다른 2인칭대명사도 활용해 보세요.

시험에 합격한 것을 축하해요!

Chúc mừng em   !

승진한 것을 축하해요!

Chúc mừng anh   !

생일 축하해요!

Chúc mừng   em!

↘ 다른 2인칭대명사도 활용해 보세요.

좋은 사람을 만나게 된 것을 축하해요!

Chúc mừng em   !

Q. 다양한 생일 축하 표현이 궁금해요!

생일 축하 표현은 친한 친구나 동생 등 가까운 사이에서 쓰는 따뜻하고 친근한 표현과 공식적인 자리나 상사에게 쓰는 격식 있는 표현으로 나뉩니다.

● 격식 있는 표현

쭉 아잉 씽 녇 부이 배
Chúc anh sinh nhật vui vẻ!   즐거운 생일이 되길 바라요!

쭉 아잉 씽 녇 니에우 니엠 부이
Chúc anh sinh nhật nhiều niềm vui!   즐거움이 많은 생일이 되길 바라요!

쭉 아잉 루온 커애 마잉 바 하잉 푹
Chúc anh luôn khỏe mạnh và hạnh phúc!   늘 건강하고 행복하길 바라요!

● 친근한 표현

씽 녇 부이 배
Sinh nhật vui vẻ!   즐거운 생일 되길!

쭉 믕 씽 녇
Chúc mừng sinh nhật!   생일 축하해!

엿보기 단어

vui vẻ [부이 배] 즐겁다   niềm vui [니엠 부이] 즐거움

Unit 23

날짜/요일 표현하기

날짜나 요일에 관련된 표현은 일상생활에서 자주 쓰이는 표현 중 하나입니다. 'Hôm nay là ~ (오늘은 ~이다)'를 활용한 날짜와 요일 표현들을 익혀보세요.

핵심 표현

홈　　나이　라　　트　　하이
Hôm nay là thứ Hai.

오늘은 월요일입니다.

단어를 바꿔서 표현해 보세요.

● 요일

thứ Hai [트 하이]	월요일
thứ Ba [트 바]	화요일
thứ Tư [트 뜨]	수요일
thứ Năm [트 남]	목요일
thứ Sáu [트 싸우]	금요일
thứ Bảy [트 바이]	토요일
Chủ nhật [쭈 녇]	일요일

단어

hôm nay [홈 나이] 오늘

응아이 마이 라 트 바
Ngày mai là thứ Ba.

내일은 화요일입니다.

응아이 끼어 라 트 뜨
Ngày kia là thứ Tư.

모레는 수요일입니다.

홈 나이 라 응아이 므어이람 탕 땀
Hôm nay là ngày 15 tháng 8.

오늘은 8월 15일입니다.

※ 날짜를 말할 때는 '일-월-연도' 순서로 말합니다.

씽 년 꾸어 또이 라 응아이 하이므어이 탕 바
Sinh nhật của tôi là ngày 20 tháng 3.

제 생일은 3월 20일입니다.

 **엿보기 단어**

---

ngày mai [응아이 마이] 내일   ngày kia [응아이 끼어] 모레

오늘은 월요일입니다.

Hôm nay là _____ .

내일은 화요일입니다.

Ngày mai là _____ .

모레는 수요일입니다.

Ngày kia là _____ .

오늘은 8월 15일입니다.

Hôm nay là _____ .

제 생일은 3월 20일입니다.

_____ **là ngày 20 tháng 3.**

질문 있어요!

Q. 날짜를 물어볼 때는 어떻게 하나요?

날짜를 물어볼 때는 'ngày bao nhiêu' 표현을 사용하여 질문할 수 있습니다. 'là ngày bao nhiêu?'는 '며칠이에요?'라는 뜻이며, 'ngày bao nhiêu ~'는 '며칠에 ~해요?'라는 의미로 쓰입니다.

홈　나이 라 응아이 바오　니에우
Hôm nay là ngày bao nhiêu?

오늘은 며칠입니까?

씽　냗　꾸어 앰 라 응아이 바오　니에우
Sinh nhật của em là ngày bao nhiêu?

너의 생일은 며칠이야?

응아이 바오　니에우 앰 디 한　꾸옥
Ngày bao nhiêu em đi Hàn Quốc?

며칠에 너는 한국에 가니?

 **엿보기 단어**

ngày [응아이] 날, 일　　　　　　　bao nhiêu [바오 니에우] 몇

명절 인사하기

🎧 01-47

베트남의 가장 큰 명절은 'Tết[뗀]'으로, 한국의 설날과 같습니다. 음력 새해를 기념하며 새해 인사와 덕담을 주고받습니다. 이외의 다양한 명절 인사 표현들을 익혀보세요.

핵심 표현

^쭉 ^등 ^남 ^{머이}
Chúc mừng năm mới.

새해 복 많이 받으세요.

단어

năm mới [남 머이] 새해

Tip 베트남에서는 Tết 명절에 특별하게 즐기는 전통 음식들이 있습니다.

• 반쯩(Bánh Chưng)

찹쌀, 녹두, 돼지고기 등을 섞어 만든 베트남식 떡으로, Tết 명절에 즐기는 대표 음식 중 하나입니다. 가족이 함께 모여 만들며 전통을 이어갑니다.

• 냄잔(Nem rán), 짜조(Chả giò)

다진 돼지고기, 목이버섯, 숙주나물 등을 쌀 종이에 싸서 튀겨낸 베트남식 스프링롤입니다. 바삭한 식감과 고소한 맛이 특징입니다.

쭉 남 머이 안 캉 팅 브엉

Chúc năm mới an khang thịnh vượng.

새해에 건강과 번영을 기원합니다.

남 머이 반 쓰 느 이

Năm mới vạn sự như ý.

새해에 모든 일이 뜻대로 되기를 기원합니다.

남 머이 팓 따이

Năm mới phát tài.

새해에 부자되세요.

꿍 쭉 떤 쑤언

Cung chúc tân xuân.

새해 복 많이 받으세요.

※ 공식적 표현

 엿보기 단어

chúc [쭉] 기원하다	vạn sự [반 쓰] 만사, 모든 일
an khang [안 캉] 평안하고 건강하다	như ý [느 이] 뜻대로 되다
thịnh vượng [팅 브엉] 번영하다	phát tài [팓 따이] 발복하다, 부자되다

새해 복 많이 받으세요.

Chúc mừng   .

새해에 건강과 번영을 기원합니다.

Chúc năm mới   .

새해에 모든 일이 뜻대로 되기를 기원합니다.

Năm mới   .

새해에 부자되세요.

Năm mới   .

새해 복 많이 받으세요.

Cung chúc   .

 질문 있어요!

Q. Tết 명절 이외의 덕담 표현이 궁금해요!

베트남에서는 Tết 명절뿐만 아니라 중추절(추석)에도 가족, 친지, 친구들과 함께 시간을 보내
며 서로의 안녕과 번영을 기원하는 덕담을 나눕니다. 중추절에 어울리는 다양한 덕담 표현을
익혀보세요.

쭉 믕 뗀 쭝 투
Chúc mừng Tết Trung Thu.

중추절(추석) 축하해요.

쭉 아잉 뗀 쭝 투 짠 더이 니엠 부이
Chúc anh Tết Trung Thu tràn đầy niềm vui.

중추절(추석)이 기쁨으로 가득하길 바라요.

쭉 아잉 쭝 투 도안 비엔 엄 압
Chúc anh Trung Thu đoàn viên, ấm áp.

따뜻한 중추절(추석)이 되기를 바라요.

 엿보기 단어

Trung thu [쭝 투] 중추절(추석)

Chúng ta có thể làm được!

생활 표현 익히기

장소 묻기

🎧 02-01

장소와 관련된 질문을 할 때는 '~ ở đâu?(~은 어디에 있나요?)' 표현을 활용할 수 있습니다. đâu는 '어디'라는 뜻의 의문사로, 「장소+ở đâu」 구조를 활용하여 원하는 장소의 위치를 물어볼 수 있습니다. 장소를 묻는 다양한 표현들을 익혀보세요.

 핵심 표현

카익   싼   롯데   어   더우

Khách sạn Lotte ở đâu?

롯데호텔은 어디에 있나요?

단어를 바꿔서 표현해 보세요.

- nhà vệ sinh [냐 베 씽] 화장실
- siêu thị [씨에우 티] 슈퍼마켓
- nhà thuốc [냐 투옥] 약국
- trạm xe buýt [짬 쌔 부잇] 버스정류장
- ngân hàng [응언 항] 은행

단어

khách sạn [카익 싼] 호텔

 Tip

● Cho tôi hỏi (여쭤볼게요)

모르는 사람에게 길을 묻거나 찾는 장소를 물을 때는 먼저 'Cho tôi hỏi'라고 말한 후, 질문하는 것이 예의입니다.

쩌 또이 허이   카익   싼   롯데 어 더우

Cho tôi hỏi, khách sạn Lotte ở đâu?   여쭤볼게요, 호텔은 어디에 있나요?

어 건 더이 꺼 냐 투옥 콩

Ở gần đây có nhà thuốc không?

근처에 약국이 있나요?

씨에우 티 건 녈 어 더우

Siêu thị gần nhất ở đâu?

가장 가까운 슈퍼마켓은 어디에 있나요?

꾸안 안 꺼 싸 콩

Quán ăn có xa không?

식당이 멀어요?

꺼 싸 더이 콩

Có xa đây không?

여기서 멀어요?

 엿보기 단어

ở gần đây [어 건 더이] 근처에

gần [건] 가깝다

nhất [녈] 가장

quán ăn [꾸안 안] 식당, 음식점

xa [싸] 멀다

① _____ (은) 어디에 있나요?

_____ ở đâu?

→ Nhà thuốc gần nhất [냐 투옥 건 녇] 가장 가까운 약국
Siêu thị gần nhất [씨에우 티 건 녇] 가장 가까운 슈퍼마켓
Quán ăn gần nhất [꾸안 안 건 녇] 가장 가까운 식당

② _____ (은/는) 멀어요?

_____ có xa không?

→ Bảo tàng [바오 땅] 박물관
Quán cà phê [꾸안 까 페] 카페, 커피숍
Trung tâm mua sắm [쭝 떰 무어 쌈] 쇼핑몰

③ 근처에 _____ (이/가) 있나요?

Ở gần đây có _____ không?

→ công viên [꽁 비엔] 공원
quầy đổi tiền [꾸어이 더이 띠엔] 환전소
đồn cảnh sát [돈 까잉 싿] 경찰서

씨에우 티 건 녈 어 더우
Siêu thị gần nhất ở đâu?

가장 가까운 슈퍼마켓은 어디에 있나요?

어 응아 뜨
➡ Ở ngã tư.　　　　　　　　　　사거리에 있습니다.

어 벤 파이
➡ Ở bên phải.　　　　　　　　　오른쪽에 있습니다.

어 건 더이 꺼 냐 투옥 콩
Ở gần đây có nhà thuốc không?

근처에 약국이 있나요?

꺼
➡ Có.　　　　　　　　　　　　　있습니다.

콩 냐 투옥 싸 람
➡ Không, nhà thuốc xa lắm.　　아니요, 약국은 아주 멀어요.

길 묻기

🎧 02-03

여행 중에는 길을 물어봐야 하는 경우가 종종 발생합니다. 길을 물어볼 때 'đi thế nào?(어떻게 가나요?)' 표현을 활용하여 질문할 수 있습니다. 길을 묻는 다양한 표현들을 익혀보세요.

★★★★★
핵심 표현

뜨 더이 덴 카익 싼 롯데 디 테 나오
Từ đây đến khách sạn Lotte đi thế nào?

여기서 롯데호텔까지 어떻게 가나요?

단어를 바꿔서 표현해 보세요.

- sân bay [썬 바이] 공항
- đại sứ quán [다이 쓰 꼬안] 대사관
- đồn cảnh sát [돈 까잉 쌑] 경찰서
- chợ [쩌] 시장
- trung tâm mua sắm [쭝 떰 무어 쌈] 쇼핑몰

단어

từ đây [뜨 더이] 여기서
đến [덴] ~까지

Tip
● đến
'도착하다, 오다'라는 의미 외에도 시간의 범위나 방향을 말할 때 '~로, ~까지'라는 의미로도 쓰입니다. 「đến+목적지」 구조로 '목적지로, 목적지까지'를 나타냅니다.

꺼 테 디 보 뜨 더이 덴 꾸안 까 페 콩
Có thể đi bộ từ đây đến quán cà phê không?

여기서 커피숍까지 걸어도 되나요?

뜨 더이 덴 썬 바이 멀 바오 러우
Từ đây đến sân bay mất bao lâu?

여기서 공항까지 얼마나 걸리나요?

쩌 또이 허이 드엉 덴 카익 싼 마이
Cho tôi hỏi đường đến khách sạn Mai.

마이호텔로 가는 길을 여쭤볼게요.

냐 핟 어 벤 짜이 하이 벤 파이
Nhà hát ở bên trái hay bên phải?

극장은 왼쪽에 있나요 오른쪽에 있나요?

 **엿보기 단어**

đi bộ [디 보] 걷다
mất bao lâu? [멀 바오 러우] 얼마나 걸리나요?
cho tôi hỏi [쩌 또이 허이] 여쭤볼게요

bên trái [벤 짜이] 왼쪽
bên phải [벤 파이] 오른쪽

① 여기서 _____ 까지 어떻게 가나요?

Từ đây đến _____ **đi thế nào?**

↳ chợ Đồng Xuân [쩌 동 쑤언] 동쑤언 시장

trạm xe buýt [짬 쌔 부읻] 버스정류장

nhà hát [냐 핟] 극장

② 여기서 _____ 까지 얼마나 걸리나요?

Từ đây đến _____ **mất bao lâu?**

↳ hồ Hoàn Kiếm [호 환 끼엠] 환검 호수

phố cổ [포 꼬] 구시가지

bưu điện thành phố [브우 디엔 타잉 포] 시립 우체국

③ _____ (으)로 가는 길을 여쭤볼게요.

Cho tôi hỏi đường đến _____ .

↳ tòa nhà Landmark [또아 냐 랜드마크] 랜드마크 건물

nhà thờ Lớn Hà Nội [냐 터 런 하 노이] 하노이 성 요셉 대성당

cửa hàng tiện lợi [끄어 항 띠엔 러이] 편의점

뜨 더이 덴 카익 싼 롯데 디 테 나오
Từ đây đến khách sạn Lotte đi thế nào?

여기서 롯데호텔까지 어떻게 가나요?

디 탕 커앙 남쨤 맫 느어
➡ **Đi thẳng khoảng 500 mét nữa.**　　500m 더 직진하세요.

재 파이 어 응아 뜨 내
➡ **Rẽ phải ở ngã tư nhé.**　　사거리에서 우회전하세요.

뜨 더이 덴 썬 바이 멀 바오 러우
Từ đây đến sân bay mất bao lâu?

여기서 공항까지 얼마나 걸리나요?

커앙 바 므어이 푿
➡ **Khoảng ba mươi phút.**　　약 30분 정도입니다.

콩 싸 람
➡ **Không xa lắm.**　　멀지 않습니다.

Unit 03

위치 말하기

🎧 02-05

위치를 말할 때는 ở 동사를 활용할 수 있습니다. 「장소+ở+위치」 구조를 활용하여 특정 위치를 묻거나 표현할 수 있습니다. 다양한 위치 표현들을 익혀보세요.

핵심 표현

카익 싼 어 벤 파이
Khách sạn ở bên phải.

호텔은 오른쪽에 있습니다.

단어를 바꿔서 표현해 보세요.

- **bên trái** [벤 짜이] 왼쪽
- **phía trước** [피어 쯔억] 앞쪽
- **phía sau** [피어 싸우] 뒤쪽
- **góc đường** [걱 드엉] 길 모서리

단어

ở [어] ~에 있다

Tip ● ở의 다양한 의미

사람이나 위치를 나타낼 때뿐만 아니라, 장소 앞에 붙어 '~에서'라는 의미의 전치사로 쓰이거나 '~에 머무르다'라는 의미의 동사로도 사용됩니다.

또이 헉 띠엥 비엗 어 비엗 남
Tôi học tiếng Việt ở Việt Nam.　　저는 베트남에서 베트남어를 배웁니다.

또이 다 어 카익 싼 롯데 하이 뎀
Tôi đã ở khách sạn Lotte 2 đêm.　　저는 롯데호텔에서 2박을 머물렀습니다.

디 탕 남짬 맨 느어 쌔 터이 아
Đi thẳng 500 mét nữa sẽ thấy ạ.

500m 더 직진하면 보일 겁니다.

카익 싼 어 벤 파이 씨에우 티
Khách sạn ở bên phải siêu thị.

호텔은 슈퍼마켓 오른쪽에 있습니다.

＊ 구조 : 장소 + ở + 위치

카익 싼 까익 더이 하이짬 맨
Khách sạn cách đây 200 mét.

호텔은 여기서 200m 떨어져 있습니다.

카익 싼 어 지어 또아 냐 마이 링 바 또아 냐 남 란
Khách sạn ở giữa tòa nhà Mai Linh và tòa nhà Nam Lan.

호텔은 마이링 건물과 남란 건물 사이에 있습니다.

 엿보기 단어

đi thẳng [디 탕] 직진하다
thấy [터이] 보이다
cách đây [까익 더이] 여기서 떨어져 있다 (거리 표현)

giữa [지어] 사이, 가운데
tòa nhà [또아 냐] 건물

① 커피숍은 _____ 에 있습니다.

Quán cà phê ở _____ .

「장소 + ở + 위치」구조를
활용합니다.

→ cuối đường [꾸오이 드엉] 길 끝

ngã ba [응아 바] 삼거리

ngã tư [응아 뜨] 사거리

② _____ 은 여기서 _____ 떨어져 있습니다.

cách đây _____ .

→ Bưu điện [브우 디엔] 우체국

Nhà thờ [냐 터] 성당

Quán ăn [꾸안 안] 식당, 음식점

→ 1 km [몯 킬로맫] 1km

5 phút đi bộ [남 푿 디 보] 도보 5분

không xa [콩 싸] 멀지 않다

③ _____ 은 _____ 사이에(가운데) 있습니다.

ở giữa _____ .

→ Cửa hàng [끄어 항] 매점

Quán cà phê [꾸안 까페] 카페, 커피숍

Quán ăn [꾸안 안] 식당, 음식점

→ tầng 1 [떵 몯] 1층

2 quán ăn [하이 꾸안 안] 2개의 식당

2 tòa nhà [하이 또아 냐] 2개의 건물

씨에우 티 까익 더이 바오 싸
Siêu thị cách đây bao xa?

마트는 여기서 얼마나 머나요?

씨에우 티 까익 더이 바쨤 맫 토이
➡ **Siêu thị cách đây 300 mét thôi.**

슈퍼마켓은 여기서 300m만 떨어져 있습니다.

디 탕 남쨤 맫 느어 쌔 터이 아
➡ **Đi thẳng 500 mét nữa sẽ thấy ạ.**　　500m 더 직진하면 보일 겁니다.

건 더이 꺼 꾸안 안 콩
Gần đây có quán ăn không?

근처에 식당이 있나요?

건 더이 니에우 꾸안 안 람
➡ **Gần đây nhiều quán ăn lắm.**　　근처에 식당이 많습니다.

꾸안 안 어 꾸오이 드엉
➡ **Quán ăn ở cuối đường.**　　식당은 길 끝에 있습니다.
　「장소 + ở + 위치」 구조를 활용합니다.

택시 타기

🎧 02-07

베트남의 대중교통은 한국처럼 발달하지 않아 여행객들이 주로 택시나 오토바이 택시를 이용하는 경우가 많습니다. 운전기사에게 목적지를 알려 줄 때는 「Cho tôi đến＋목적지」 구조를 활용하여 '~로 가주세요'라고 요청할 수 있습니다. 택시 이용 시 자주 쓰이는 표현들을 익혀보세요.

★★★★
핵심 표현

쩌　또이　덴　카익　싼　롯데
Cho tôi đến khách sạn Lotte.

롯데호텔로 가주세요.

단어를 바꿔서 표현해 보세요.

- địa chỉ này [디어 지 나이] 이 주소
- sân bay Nội Bài [썬 바이 노이 바이] 노이바이 공항
- tòa nhà cao nhất Hà Nội [또아 냐 까오 녈 하 노이] 하노이에서 가장 높은 건물
- Nhà hát Lớn Hà Nội [냐 핟 런 하 노이] 하노이 오페라 하우스
- khu Mỹ Đình [쿠 미 딩] 미딩 지역

단어

cho tôi đến [쩌 또이 덴]
~에 데려다 주세요

Tip 베트남의 택시 기사들 중에는 영어를 구사하는 분들도 있지만, 대부분 베트남어식 발음을 사용하기 때문에 이해하기 어려운 경우가 많습니다. 원하는 장소를 명확하게 전달하기 위해서는 베트남어로 말하거나 주소가 적힌 종이를 보여주는 방법을 추천합니다.

Cho tôi đến đây. [쩌 또이 덴 더이]　　　　여기로 가주세요.

쩌 또이 쑤옹 어 더이

Cho tôi xuống ở đây.

여기에 내려 주세요.

아잉 꺼 테 디 냐잉 헌 콩

Anh có thể đi nhanh hơn không?

더 빨리 가줄 수 있나요?

뜨 더이 덴 더 바오 니에우 띠엔

Từ đây đến đó bao nhiêu tiền?

여기서 거기까지 얼마인가요?

지아 끄억 모이 킬로맷 라 바오 니에우

Giá cước mỗi km là bao nhiêu?

km당 요금이 얼마인가요?

 **엿보기 단어**

xuống [쑤옹] 내리다

giá cước [지아 끄억] 요금

bao nhiêu [바오 니에우] 얼마

mỗi [모이] 마다, 각각의

① ＿＿＿＿＿＿＿ 에 내려 주세요.

Cho tôi xuống ở ▨▨▨▨▨.

⤷ trước tòa nhà kia [쯔억 또아 냐 끼어] 저 건물 앞

ngã tư tiếp theo [응아 뜨 띠엡 태오] 다음 사거리

bãi đỗ xe [바이 도 쌔] 주차장

② ＿＿＿＿＿＿＿ 줄 수 있나요?

Anh có thể ＿＿＿＿＿＿＿ không?

⤷ bật máy điều hòa [벋 마이 디에우 호아] 에어컨을 틀다

mở cốp xe [머 꼽 쌔] 차 트렁크를 열다

để hành lý lên xe giúp tôi [데 하잉리 렌 쌔 지웁 또이] 차에 짐을 실어주다

③ ＿＿＿＿＿＿＿ 요금이 얼마인가요?

Giá cước ▨▨▨▨▨ là bao nhiêu?

⤷ đến sân bay [덴 썬 바이] 공항까지

đến ga Hà Nội [덴 가 하 노이] 하노이 역까지

đến khách sạn [덴 카익 싼] 호텔까지

질문과 답변은 어떤 것들이 있을까요?

아잉 꺼 테 디 냐잉 헌 콩

Anh có thể đi nhanh hơn không?

더 빨리 가줄 수 있나요?

벙 또이 당 짜이 냐잉 헌

➡ **Vâng, tôi đang chạy nhanh hơn.** 네, 더 빨리 달리고 있어요.

콩 드억 동 쌔 꾸아

➡ **Không được, đông xe quá.** 안 돼요, 차가 너무 많아요.

뜨 더이 덴 더 바오 니에우 띠엔

Từ đây đến đó bao nhiêu tiền?

여기서 거기까지 얼마인가요?

아잉 쌤 동 호 내

➡ **Anh xem đồng hồ nhé.** 미터기를 보세요.

콩 닫 람 더우

➡ **Không đắt lắm đâu.** 별로 비싸지 않을 거예요.

베트남의 대중교통

베트남의 대중교통은 다양하며 주요 도시와 지역에서 여러 교통수단을 이용할 수 있습니다.

● 버스 (xe buýt)

(1) 시내버스 (xe buýt nội thành)

하노이와 호찌민시 같은 대도시에서는 저렴한 요금으로 시내버스를 이용할 수 있습니다. 요금은 거리에 따라 다르지만, 기본적으로 편도 7,000 ~ 10,000동 사이입니다. 최근 노선이 늘어나고 있으나 대중교통 수요를 충분히 충족하지 못해 전체 교통수단 이용 비율 중 약 18%만이 버스를 이용하고 있습니다. 베트남 정부는 버스 시스템을 효율적으로 개선하고 확대하기 위해 다양한 노력을 기울이고 있습니다.

(2) 시외버스 (xe buýt liên tỉnh)

지방과 도시를 연결하는 장거리 버스가 잘 발달되어 있으며, 특히 침대버스(Sleeping Bus)는 장거리 여행객들에게 인기가 많습니다. 대표적인 버스 회사로는 '메콩 익스프레스(Mekong Express)'와 '푸엉짱(Phuong Trang)' 등이 있습니다.

● 택시 (taxi)

베트남에는 여러 택시 회사가 있으며 신뢰할 만한 회사로는 '비나썬(Vinasun)'과 '마이링(Mai Linh)'이 있습니다. 요금은 미터기로 계산되며 짧은 거리 기준으로 km당 약 10,000~20,000동입니다. 스마트폰 앱으로 호출할 수 있는 Grab, Be, Xanh SM 같은 서비스도 인기입니다.

Vinasun 회사 택시

Mai Linh 회사 택시

● <u>오토바이 택시 (xe ôm)</u>

오토바이를 이용한 택시 서비스로, 가격이 저렴하고 도로 상황에 따라 빠르게 이동할 수 있어 편리합니다. 예전에는 길거리에서 기사와 미리 요금을 흥정한 후 이용했으나 최근에는 Grab, Be, Xanh SM 같은 앱을 통해 요금을 미리 확인하고 간편하게 호출할 수 있습니다.

● <u>기차 (tàu hỏa)</u>

베트남 철도는 하노이와 호찌민시를 연결하는 통일선(Tàu Thống Nhất)이 대표적입니다. 이 노선은 다낭과 후에 같은 주요 도시를 경유하며 다양한 열차 옵션을 제공합니다. 좌석과 침대칸 중 선택할 수 있고 요금은 900,000동~1,600,000동까지 다양합니다. 기차는 느리지만 베트남의 풍경을 감상하며 여유롭게 이동할 수 있는 교통수단으로 여행객들에게 인기가 많습니다.

● 지하철 (metro)

하노이와 호찌민시는 메트로 시스템을 단계적으로 도입하고 있습니다. 하노이에서는 2021년 깟링-하동(Cát Linh-Hà Đông) 노선이 개통되어 운영 중입니다. 호찌민시는 첫 번째 메트로 노선이 2024년 12월 말부터 개통되었습니다.

환전하기

🎧 02-09

베트남의 공식 화폐 단위는 'VND(동)'입니다. 달러 거래는 금지되어 있으므로, 여행 시 환전이 필수입니다. 환전은 공항, 은행, 환전소에서 가능하며 신뢰할 수 있는 곳을 이용하는 것이 안전합니다.

쩌 또이 도이 띠엔 돌 라 쌍 띠엔 비엣

Cho tôi đổi tiền đô la sang tiền Việt.

저에게 달러를 베트남 돈으로 바꿔 주세요.

단어를 바꿔서 표현해 보세요.

단어
cho tôi đổi [쩌 또이 도이] 저에게 바꿔 주세요
tiền [띠엔] 돈
A sang B [쌍] A를 B로

- tiền Việt sang đô la [띠엔 비엣 쌍 돌 라] 베트남 돈을 달러로

- tiền Hàn Quốc sang tiền Việt
  [띠엔 한 꾸옥 쌍 띠엔 비엣] 한국 돈을 베트남 돈으로

- tiền Việt sang tiền Hàn Quốc
  [띠엔 비엣 쌍 띠엔 한 꾸옥] 베트남 돈을 한국 돈으로

- tiền lẻ sang tiền chẵn [띠엔 래 쌍 띠엔 짠] 잔돈을 가치가 큰 지폐로

Tip ● sang의 다양한 의미

① ~으로 : 'A를 B로 바꾸다'와 같이, 전환이나 변화를 의미합니다.

Tôi muốn đổi tiền Việt **sang** tiền Won. [또이 무온 도이 띠엔 비엣 쌍 띠엔 원]

베트남 돈을 원으로 바꾸고 싶어요.

② 건너가다 : 장소의 이동을 의미합니다.

Ngày mai tôi **sang** Việt Nam. [응아이 마이 또이 쌍 비엣 남]

내일 베트남으로 건너갑니다.

띠 지아 돌 라 미 홈 나이 라 바오 니에우
Tỷ giá đô la Mỹ hôm nay là bao nhiêu?

오늘 미화 환율이 얼마인가요?

꺼 파이 짜 피 도이 띠엔 콩
Có phải trả phí đổi tiền không?

환전 수수료를 내야 하나요?

또이 무온 도이 돌 라 쌍 띠엔 비엣
Tôi muốn đổi đô la sang tiền Việt.

나는 달러를 베트남 돈으로 바꾸고 싶어요.

쩌 또이 씬 화 던 도이 띠엔
Cho tôi xin hóa đơn đổi tiền.

환전 영수증을 주세요.

 **엿보기 단어**

tỷ giá [띠 지아] 환율
đô la Mỹ [돌 라 미] 미화
phải [파이] ~해야 하다
trả [짜] 지불하다, (돈을) 내다

phí đổi tiền [피 도이 띠엔] 환전 수수료
muốn [무온] 원하다, ~고 싶다
hóa đơn [화 던] 영수증

1 저에게 _____ 바꿔 주세요.

Cho tôi đổi _____ .

→ tiền cũ sang tiền mới [띠엔 꾸 쌍 띠엔 머이] 오래된 돈을 새 돈으로

tiền đồng sang tiền giấy [띠엔 동 쌍 띠엔 지어이] 동전을 지폐로

ngân phiếu sang tiền mặt [응언 피에우 쌍 띠엔 맏] 수표를 현금으로

2 _____ 환율이 얼마인가요?

Tỷ giá _____ **là bao nhiêu?**

→ bán ra [반 자] 팔다, 판매하다

mua vào [무어 바오] 사다, 사들이다

đô-đồng [도–동] 달러–베트남 동

3 _____ (해)야 하나요?

Có phải _____ **không?**

→ trả phí [짜 피] 비용을 내다

trình hộ chiếu [찡 호 찌에우] 여권을 제출하다

viết đơn đăng ký [비엔 던 당 끼] 신청서를 작성하다

띠 지아 돌 라 미 홈 나이 라 바오 니에우

Tỷ giá đô la Mỹ hôm nay là bao nhiêu?

오늘 비화 환율이 얼마인가요?

몯 돌 라 미 도이 드억 하이므어이람응인 동

➡ **1 đô la Mỹ đổi được 25.000 đồng.**

1달러는 2만 5천 동으로 바꿀 수 있습니다.

더이 라 방 띠 지아

➡ **Đây là bảng tỷ giá.**　　　　　　　　이것은 환율표입니다.

꺼 파이 짜 피 도이 띠엔 콩

Có phải trả phí đổi tiền không?

환전 수수료를 내야 하나요?

미엔 피 도이 띠엔 아

➡ **Miễn phí đổi tiền ạ.**　　　　　　　수수료는 무료입니다.

콩 먿 피 아

➡ **Không mất phí ạ.**　　　　　　　　수수료가 없습니다.

Unit 06

쇼핑하기

02-11

여행에서 쇼핑은 즐거운 경험 중 하나입니다. 베트남은 다양한 기념품을 구입할 수 있는 가게들이 많습니다. 원하는 물건을 구입할 때 「Tôi muốn mua＋물건 : ~을 사고 싶습니다」 구조를 활용하여 간단하게 의사 표현을 할 수 있습니다. 쇼핑할 때 자주 쓰이는 표현들을 익혀보세요.

핵심 표현

또이 　 무온 　 무어 　 아오 　 자이

Tôi muốn mua áo dài.

나는 아오자이를 사고 싶어요.

단어를 바꿔서 표현해 보세요.

- cà phê Con Sóc [까 페 껀 썩] 다람쥐 커피
- hoa quả sấy [화 꼬아 써이] 말린 과일
- xoài [쏘이] 망고
- nón lá [넌 라] 베트남 전통 모자
- đồ gốm [도 곰] 도자기

단어

mua [무어] 구매하다, 사다
áo dài [아오 자이]
아오자이 (베트남 전통복장)

찌 꺼 쏴이 써이 콩

Chị có xoài sấy không?

말린 망고가 있나요?

또이 꺼 테 안 트 콩

Tôi có thể ăn thử không?

먹어봐도 되나요?

꺼 꺼 떠 헌 콩

Có cỡ to hơn không?

더 큰 사이즈 있나요?

또이 막 꺼 러

Tôi mặc cỡ L.

나는 L 사이즈를 입어요.

 엿보기 단어

xoài sấy [쏴이 써이] 말린 망고   to [떠] 크다

ăn thử [안 트] 먹어보다, 시식하다   mặc [막] 입다

cỡ [꺼] 사이즈

① 나는 　　　　　　　　(을/를) 사고 싶어요.

Tôi muốn mua 　　　　　　　　.

　　　↳ **áo sơ mi** [아오 써 미] 와이셔츠

　　　túi [뚜이] 가방

　　　trà [짜] 차

② 　　　　　　　　(이/가) 있나요?

Anh/chị có 　　　　　　　　 **không?**

　　　↳ **cỡ bé hơn** [꺼 배 헌] 더 작은 사이즈

　　　màu khác [마우 칵] 다른 색상

　　　kiểu khác [끼에우 칵] 다른 디자인

상대방의 성별에 맞춰서
주어를 활용합니다.

③ 　　　　　　　　(해)봐도 되나요?

Tôi có thể 　　　　　　　　 **thử không?**

　　　↳ **mặc** [막] 입

　　　đi [디] (신발을) 신다

　　　uống [우옹] 마시다

또이 꺼 테 막 트 콩
Tôi có thể mặc thử không?

입어봐도 되나요?

벙 펑 트 도 어 끼어
➡ Vâng, phòng thử đồ ở kia.　　　네, 피팅룸은 저기 있어요.

벙 드억 쯔
➡ Vâng, được chứ.　　　네, 당연히 되죠.

아오 자이 나이 꺼 꺼 더 헌 콩
Áo dài này có cỡ to hơn không?

이 아오자이 더 큰 사이즈 있나요?

또이 쌔 띰 트
➡ Tôi sẽ tìm thử.　　　찾아볼게요.

헬 조이 아
➡ Hết rồi ạ.　　　다 팔렸어요.

흥정하기

🎧 02-13

물건을 살 때 가격을 깎고 싶다면 'Giảm giá cho tôi(가격을 깎아 주세요)' 표현을 활용할 수 있습니다. 'giảm giá(가격을 깎다)' 뒤에 'cho tôi(저에게)'를 붙여 예의 바른 표현을 만들 수 있습니다. 가격을 흥정할 때 자주 쓰이는 표현들을 익혀보세요.

핵심 표현

지암 지아 쩌 또이 드억 콩

Giảm giá cho tôi được không?

저에게 가격을 깎아 줄 수 있나요?

단어를 바꿔서 표현해 보세요.

▫ **bớt cho tôi một chút** [벋 쩌 또이 몯 쭏]

저에게 조금 깎아주다

▫ **bán rẻ hơn** [반 재 헌] 더 싸게 팔다

▫ **cho tôi thêm một chút** [쩌 또이 템 몯 쭏]

저에게 조금 더 주다

▫ **miễn phí cho tôi cái này** [미엔 피 쩌 또이 까이 나이]

이것을 무료로 해주다

단어

giảm giá [지암 지아]

가격을 깎다

được không?

[드억 콩] ~할 수 있나요?

 Tip 베트남 전통시장에서 옷이나 신발을 구매할 때 가격을 흥정하는 것은 흔한 일입니다. 상점 주인에게 가격을 깎아 달라고 요청하거나 원하는 금액을 제시할 수 있습니다. 판매자가 가격을 깎아주는 대신 사은품을 주는 경우도 많으므로 만족스러운 쇼핑 경험이 될 수 있습니다.

네우 또이 무어 니에우 티 꺼 지암 지아 콩
Nếu tôi mua nhiều thì có giảm giá không?

많이 사면 깎아 줄 수 있나요?

닫 꾸아 지암 지아 몯 쭏 디
Đắt quá, giảm giá một chút đi.

너무 비싸요, 좀 깎아 줘요.

또이 무어 어 더이 니에우 조이 런 나이 지암 지아 드억 콩
Tôi mua ở đây nhiều rồi, lần này giảm giá được không?

여기서 많이 샀는데, 이번에는 깎아 줄 수 있나요?

* ~ được không? : ~할 수 있나요?

벋 쩌 또이 므어이펀짬 내
Bớt cho tôi 10% nhé.

10% 깎아 주세요.

 **엿보기 단어**

nếu [네우] 만약

mua nhiều [무어 니에우] 많이 사다

đắt [닫] 비싸다

lần này [런 나이] 이번

bớt [벋] 줄이다, 감소시키다

phần trăm [펀 짬] 퍼센트, %

① _____ (하)면 깎아 줄 수 있나요?

Nếu tôi _____ **thì có giảm giá không?**

⤷ mua thêm [무어 템] 더 사다

trả bằng tiền mặt [짜 방 띠엔 맏] 현금으로 지불하다

mua hàng trưng bày [무어 항 쯩 바이] 진열품을 사다

② _____ , 좀 깎아 줘요.

_____ **, giảm giá một chút đi.**

⤷ Tôi là khách quen [또이 라 카익 꾸앤] 단골손님이다

Tôi đã giới thiệu nhiều bạn bè đến đây [또이 다 저이 티에우 니에우 반배 덴 더이]
많은 친구들을 여기로 소개했다

Tôi đã mua sản phẩm này vài lần rồi [또이 다 무어 싼 펌 나이 바이 런 조이]
이 제품을 여러번 샀다

③ _____ 깎아 주세요.

Bớt cho tôi _____ **nhé.**

⤷ một chút [몯 쭏] 조금

mười nghìn đồng [므어이 응인 동] 만 동

thêm [템] 더, 추가로

네우 또이 무어 니에우 티 꺼 지암 지아 콩
Nếu tôi mua nhiều thì có giảm giá không?

많이 사면 깎아 줄 수 있나요?

쭝 또이 반 둥 지아 넨 콩 지암 지아 드억
➡ **Chúng tôi bán đúng giá nên không giảm giá được.**

정가로 판매해서 깎아줄 수 없어요.

또이 꺼 테 벋 몯 쭏
➡ **Tôi có thể bớt một chút.**　　　　조금 깎아 줄 수 있어요.

또이 무어 어 더이 니에우 조이 런 나이 지암 지아 드억 콩
Tôi mua ở đây nhiều rồi, lần này giảm giá được không?

여기서 많이 샀는데, 이번에는 깎아 줄 수 있나요?

쭝 또이 반 재 람 조이
➡ **Chúng tôi bán rẻ lắm rồi.**　　　　아주 싸게 판매하고 있어요.

또이 쌔 쩌 아잉 꾸아 땅
➡ **Tôi sẽ cho anh quà tặng.**　　　　당신에게 사은품을 드릴게요.

교환하기

🎧 02-15

베트남 전통시장에서 구매한 상품은 교환이나 환불이 어려울 수 있지만, 대부분의 상점에서는 영수증이 있으면 문제없이 교환 및 환불이 가능합니다. 교환할 때 자주 쓰이는 표현들을 익혀보세요.

핵심 표현

쩌 또이 도이 쌍 꺼 머
Cho tôi đổi sang cỡ M.

M 사이즈로 바꿔 주세요.

단어를 바꿔서 표현해 보세요.

- trả hàng [짜 항] 반품하다
- hoàn tiền [호안 띠엔] 환불하다
- đổi sang sản phẩm khác [도이 쌍 싼 펌 칵] 다른 상품으로 바꾸다
- đổi sang màu khác [도이 쌍 마우 칵] 다른 색상으로 바꾸다

단어

đổi sang ~ [도이 쌍]
~로 바꾸다

Tip ● 색상

màu trắng [마우 짱]	하얀색	màu đen [마우 댄]	검은색
màu vàng [마우 방]	노란색	màu cam [마우 깜]	주황색
màu đỏ [마우 더]	빨간색	màu hồng [마우 홍]	분홍색
màu xanh lá [마우 싸잉 라]	초록색	màu xanh dương [마우 싸잉 즈엉]	남색

까이 나이 콩 헙 버이 또이
Cái này không hợp với tôi.

이것은 저에게 안 어울려요.

> cái는 단위 명사 외에도 사물, 일, 현상 등의 추상적 의미로도 쓰입니다. 지시 형용사 này와 결합해 'cái này(이것)'이라는 뜻을 가집니다.
> 23, 27p. 참고

또이 꺼 테 도이 쌍 까이 칵 콩
Tôi có thể đổi sang cái khác không?

다른 것으로 바꿀 수 있나요?

또이 무온 도이 쌍 마우 짱
Tôi muốn đổi sang màu trắng.

하얀색으로 바꾸고 싶어요.

더이 라 화 던 무어 항
Đây là hóa đơn mua hàng.

구매 영수증입니다. (직역: 이것은 구매 영수증입니다.)

엿보기 단어

hợp với ~ [헙 버이] ~에게 어울리다   mua hàng [무어 항] 물건을 구매하다

① 이것은 저에게 _____ .

Cái này _____ **với tôi.**

> → **quá to** [꾸아 떠] 너무 크다
> **quá bé** [꾸아 배] 너무 작다
> **không vừa** [콩 브어] (사이즈가) 안 맞다

② _____ (하)고 싶어요.

Tôi muốn _____ .

> → **trả lại** [짜 라이] 되돌려주다
> **nhận tiền bằng thẻ** [년 띠엔 방 태] 카드로 돈을 받다
> **xem sản phẩm khác** [쌤 싼 펌 칵] 다른 상품을 보다

베트남에서는 카드 결제
환불을 '카드로 돈을 돌려
받는다'는 개념으로 이해
합니다.

③ 이것은 _____ 입니다.

Đây là _____ .

> → **sản phẩm tôi đã mua** [싼 펌 또이 다 무어] 구매한 상품
> **màu tôi muốn mua** [마우 또이 무온 무어] 사고 싶은 색상
> **chỗ bị lỗi** [쪼 비 로이] 불량 부분, 잘못된 부분

또이 꺼 테 도이 쌍 까이 칵 콩
Tôi có thể đổi sang cái khác không?

다른 것으로 바꿀 수 있나요?

벙 쩌 또이 쌤 호아 던 내
➡ **Vâng, cho tôi xem hóa đơn nhé.** 네, 영수증을 보여주세요.

씬 로이 중 또이 콩 쩌 도이 짜
➡ **Xin lỗi, chúng tôi không cho đổi trả.**

죄송하지만, 환불이나 반품이 불가능합니다.

비 싸오 아잉 무온 도이
Vì sao anh muốn đổi?

왜 교환하고 싶나요?

까이 나이 콩 헙 버이 또이
➡ **Cái này không hợp với tôi.** 이것은 저에게 안 어울려요.

까이 나이 비 로이
➡ **Cái này bị lỗi.** 이것은 불량이에요.

베트남의 화폐와 물가 정보

베트남의 화폐 단위는 'VND(동)'입니다. 시장에서는 주로 지폐를 사용하며 동전은 아주 적은 금액의 거스름돈으로 사용되지만, 한국의 10원처럼 일상 거래에서는 거의 사용하지 않아 점점 사라지고 있습니다.

● 500,000동

가장 큰 단위로 앞면에는 호찌민 주석의 초상화가 있으며, 뒷면에는 호찌민 주석의 생가 모습이 그려져 있습니다. 일상생활에서는 자주 쓰이지 않고 큰 금액의 거래에 사용됩니다.

● 200,000동

앞면에는 호찌민 주석의 초상화가 있으며, 뒷면에는 UNESCO 세계자연유산인 하롱베이의 아름다운 풍경이 그려져 있어 베트남의 자연 경관을 상징합니다.

● 100,000동

앞면에는 호찌민 주석의 초상화가 있으며, 뒷면에는 베트남의 문화유산인 문묘–국자감의 모습이 그려져 있습니다. 일상생활에서 가장 자주 쓰이는 지폐입니다.

● 50,000동

앞면에는 호찌민 주석의 초상화가 있으며, 뒷면에는 베트남의 마지막 봉건 조정이 있었던 도시인 후에(Huế)의 풍경이 그려져 있습니다.

● 20,000동

앞면에는 호찌민 주석의 초상화가 있으며, 뒷면에는 베트남의 유명한 관광지인 호이안(Hội An)에 있는 꺼우다리(Chùa Cầu)의 모습이 그려져 있습니다. 호이안은 전통적인 건축물과 아름다운 경관으로 유명한 지역입니다.

● 10,000동

앞면에는 호찌민 주석의 초상화가 있으며, 뒷면에는 가스와 기름을 시추하고 개발하는 장면이 그려져 있습니다. 베트남의 산업 발전과 자원 개발을 상징합니다.

● 소액권

소액권으로는 5,000동, 2,000동, 1,000동 등이 있습니다. 일상적인 소액 거래에서 주로 사용됩니다.

베트남의 물가는 한국에 비해 전반적으로 저렴하지만 최근 경제 성장에 따라 생활비가 상승하는 추세입니다. 베트남을 방문하거나 거주할 계획이라면 최신 환율과 현지 물가 정보를 참고하여 예산을 계획하는 것이 좋습니다. 특히, 베트남에서는 현금 사용이 일반적이므로 소액권을 미리 준비하는 것을 추천합니다.

〈2025년 1월 베트남 동(VND)-한국 원(KRW) 환율 비교〉

1 VND ≈ 0.05 KRW

품목	베트남 동(VND)	한국 원(KRW)
쌀국수 한 그릇	약 40,000 VND	약 2,000원
커피 한 잔	약 30,000 VND	약 1,500원
맥주 한 병	약 20,000 VND	약 1,000원
택시 기본 요금	약 15,000 VND	약 750원

※ 가격은 지역과 상점에 따라 달라질 수 있으며, 특히 관광 지역에서는 차이가 클 수 있습니다.

베트남의 주요 쇼핑몰

베트남에는 현대적인 쇼핑몰이 많으며 쇼핑, 음식, 오락 등 다양한 활동을 즐길 수 있는 복합 공간으로 현지인과 관광객들에게 인기가 많습니다.

● 하노이 (Hà Nội)

(1) 롯데 센터 하노이 (Lotte Center Hanoi)

한국 브랜드와 다양한 국제 브랜드를 찾을 수 있습니다. 한국의 롯데 그룹이 운영하는 쇼핑몰로, 다양한 한국 브랜드와 국제적인 브랜드들이 있습니다. 쇼핑 이외에도 레스토랑, 카페 등 다양한 편의시설이 갖춰져 있어 쇼핑과 여유로운 시간을 즐기기 좋은 곳입니다.

(2) 빈콤 메가 몰 로열 시티 (Vincom Mega Mall Royal City)

베트남 최대 쇼핑몰 중 하나로, 실내 스케이트장과 영화관 및 레스토랑 등 다양한 오락시설이 함께 있는 대형 복합 쇼핑몰입니다.

(3) 트랑티엔 플라자 (Trang Tien Plaza)

고급 브랜드들이 주로 입점해 있는 쇼핑몰로, 명품 브랜드부터 고급스러운 패션 아이템까지 다양한 제품을 만나볼 수 있습니다. 독특한 건축 양식과 세련된 분위기가 특징입니다.

● 호찌민시 (TP. Hồ Chí Minh)

(1) 빈콤 센터 랜드마크 81 (Vincom Center Landmark 81)

호찌민시 2군에 위치해 있는 핫플레이스입니다. 베트남에서 가장 높은 건물인 Landmark 81에 자리 잡고 있습니다. 높이 461m, 총 81층으로 다양한 상업시설과 오락 시설이 있으며 전망대에서 멋진 도시 전경을 감상할 수 있습니다. 최고급 브랜드와 다양한 레스토랑 및 카페가 있는 호찌민 명소 중 하나입니다.

(2) 빈콤 센터 (Vincom Center)

호찌민시 중심인 1군에 위치한 복합 공간으로, 다양한 글로벌 브랜드와 현지 브랜드가 입점해 있으며 쇼핑, 식사, 오락 등을 모두 즐길 수 있어 여행객과 현지인들 모두에게 인기 있는 장소입니다.

(3) 다카시마야 (Takashimaya)

호찌민시의 고급스러운 분위기와 잘 어울리는 일본계 백화점입니다. 고급 브랜드와 다양한 일본 제품들이 있으며 이외에도 세련된 디자인과 품질 좋은 제품들을 만나볼 수 있습니다.

● 다낭 (Đà Nẵng)

(1) 빈콤 플라자 (Vincom Plaza)

다낭의 주요 쇼핑 및 엔터테인먼트 센터로, 다양한 브랜드 쇼핑과 레스토랑 및 영화관 등 여러 시설이 모여 있는 복합 쇼핑몰입니다. 현지인뿐만 아니라 관광객들에게도 인기가 많으며 쇼핑 외에도 다양한 여가 활동을 즐길 수 있습니다.

(2) 한 마켓 (Hàn Market)

다낭에서 유명한 전통 시장으로, 로컬 특산품과 기념품 및 의류 등을 저렴한 가격에 구매할 수 있습니다. 다낭을 방문한 관광객들이 자주 찾는 명소 중 하나입니다.

음식점 1 (예약하기)

🎧 02-17

음식점을 예약할 때는 가장 기본적인 예약 표현인 'Tôi muốn đặt bàn.(테이블을 예약하고 싶어요.)'을 활용합니다. 뒤에 '인원수' 또는 '시간'을 덧붙여 원하는 인원의 좌석과 시간을 예약할 수 있습니다. 음식점을 예약할 때 자주 쓰이는 표현들을 익혀보세요.

 핵심 표현

또이　　무온　　　닫　　반　　　쩌　하이　응어이

Tôi muốn đặt bàn cho 2 người.

나는 2인용 테이블을 예약하고 싶어요.

단어를 바꿔서 표현해 보세요.

- cho 1 người [쩌 몯 응어이] 1인용
- cho 3 người [쩌 바 응어이] 3인용
- cho 4 người [쩌 본 응어이] 4인용

단어

đặt bàn [닫 반]
테이블을 예약하다

냐 항 껀 반 쩌 본 응어이 콩

Nhà hàng còn bàn cho 4 người không?

4인용 테이블이 남아있나요?

또이 무온 닫 반 어 떵 하이

Tôi muốn đặt bàn ở tầng 2.

나는 2층에 있는 테이블로 예약하고 싶어요.

쭝 또이 쌔 덴 냐 항 룩 바이 지어 또이

Chúng tôi sẽ đến nhà hàng lúc 7 giờ tối.

저녁 7시까지 갈 거예요.

또이 무온 후이 닫 반

Tôi muốn hủy đặt bàn.

나는 예약을 취소하고 싶어요.

 **엿보기 단어**

còn [껀] 남아있다

tầng 2 [떵 하이] 2층

tối [또이] 저녁

hủy [후이] 취소하다

① _____ 남아있나요?

Nhà hàng còn ▓▓▓▓▓▓▓▓▓▓▓▓▓▓ **không?**

┈┈→ bàn cạnh cửa sổ [반 까잉 끄어 쏘] 창가 옆 테이블

　　 phòng [펑] 룸, 방

　　 bàn ngoài sân [반 응와이 썬] 야외 테이블

② 나는 _____ (하)고 싶어요.

Tôi muốn ▓▓▓▓▓▓▓▓▓▓▓▓▓▓ **.**

┈┈→ đặt bàn tên Kim [닫 반 뗀 김] 김이라는 이름으로 예약하다

　　 đặt món ăn trước [닫 먼 안 쯔억] 음식을 미리 주문하다

　　 đổi giờ [도이 지어] 시간을 변경하다

③ _____ (할) 거예요.

Chúng tôi sẽ ▓▓▓▓▓▓▓▓▓▓▓▓▓▓ **.**

┈┈→ gọi món sau khi đến [거이 먼 싸우 키 덴] 도착 후 음식을 주문하다

　　 lái xe đến [라이 쌔 덴] 운전해서 가다

　　 mang theo rượu vang [망 태오 즈어우 방] 와인을 가져가다

알로 냐 항 응언 씬 응애
A lô, nhà hàng Ngon xin nghe.

여보세요, 응언 식당입니다.

또이 무온 닫 반 어 떵 하이
➡ Tôi muốn đặt bàn ở tầng 2.   나는 2층에 있는 테이블로 예약하고 싶어요.

또이 무온 후이 닫 반
➡ Tôi muốn hủy đặt bàn.   나는 예약을 취소하고 싶어요.

냐 항 껀 반 쩌 본 응어이 콩
Nhà hàng còn bàn cho 4 người không?

4인용 테이블이 남아있나요?

껀 아
➡ Còn ạ.   남아있어요.

냐 항 쭝 또이 헬 쩌 조이
➡ Nhà hàng chúng tôi hết chỗ rồi.

우리 식당은 자리가 남아있지 않아요.

음식점 2 (주문하기)

🎧 02-19

음식을 주문할 때는 가장 기본적인 주문 표현인 'Cho tôi ~ (저에게 ~ 주세요)'을 활용합니다. 뒤에 원하는 '음식 이름'이나 '수량'을 덧붙여 원하는 음식과 수량을 주문할 수 있습니다. 음식을 주문할 때 자주 쓰이는 표현들을 익혀보세요.

핵심 표현

찌 또이 몯 받 퍼
Cho tôi một bát phở.

(저에게) 쌀국수 한 그릇 주세요.

단어를 바꿔서 표현해 보세요.

- 2 đĩa nem rán [하이 디어 냄 잔] 스프링롤 튀김 두 접시
- 3 chiếc bánh mì [바 찌엑 바잉 미] 반미 세 개
- thìa và đũa [티어 바 두어] 수저

단어

bát [받] 그릇
phở [퍼] 쌀국수

Tip

● và : 그리고
주문할 음식이 복수일 경우에는 중간에 và를 붙여 원하는 음식을 추가로 주문할 수 있습니다.

찌 또이 몯 받 퍼 바 하이 디어 냄 잔
Cho tôi 1 bát phở và 2 đĩa nem rán.

쌀국수 한 그릇과 스프링롤 두 접시 주세요.

쩌 또이 특 던

Cho tôi thực đơn.

메뉴판을 주세요.

어 더이 꺼 퍼 콩

Ở đây có phở không?

여기에 쌀국수가 있나요?

찌 저이 티에우 쩌 또이 몯 먼 내

Chị giới thiệu cho tôi 1 món nhé.

요리 하나 추천해 주세요.

먼 나이 꺼 까이 콩

Món này có cay không?

이 요리는 매운가요?

 **엿보기 단어**

thực đơn [특 던] 메뉴판	**món** [먼] 음식, 요리
ở đây [어 더이] 여기에	**cay** [까이] 맵다
giới thiệu [저이 티에우] 소개하다, 추천하다	

1 저에게 _____ (해) 주세요.

Cho tôi ████████████████.

⌐⌐➤ **thêm rau** [템 자우] 야채 추가

khăn giấy ướt [칸 지어 으얻] 물티슈

nước chấm [느억 쩜] 찍어 먹는 소스

2 여기에 _____ (이/가) 있나요?

Ở đây có _____ không?

⌐⌐➤ **bún chả** [분 짜] 분짜

bia [비어] 맥주

món tráng miệng [먼 짱 미엥] 디저트

3 이 요리는 _____ (한)가요?

Món này có █████████ không?

⌐⌐➤ **ngọt** [응얻] 달다

mặn [만] 짜다

béo [배오] 기름지다

어 더이 꺼 퍼 콩
Ở đây có phở không?

여기에 쌀국수가 있나요?

꺼 퍼 꾸어 냐 항 쭝 또이 응언 람
➡ **Có. Phở của nhà hàng chúng tôi ngon lắm.**

있어요. 우리 식당의 쌀국수는 아주 맛있어요.

콩 꺼 퍼 녀응 쭝 또이 꺼 먼 미 응언 람 아
➡ **Không có phở, nhưng chúng tôi có món mì ngon lắm ạ.**

쌀국수는 없지만, 아주 맛있는 국수가 있어요.

먼 나이 꺼 까이 콩
Món này có cay không?

이 요리는 매운가요?

쭝 또이 꺼 테 람 콩 까이
➡ **Chúng tôi có thể làm không cay.** 안 맵게 할 수 있어요.

허이 까이 토이 아
➡ **Hơi cay thôi ạ.** 조금만 매워요.

음식점 3 (요청하기)

🎧 02-21

음식 주문 시, 필요한 것을 요청할 때는 'Cho tôi ~'를 사용하여 '저에게 ~ 주세요'라고 요청할 수 있습니다. 반면, 원하지 않는 재료를 빼달라고 요청할 때는 부정 명령형인 đừng을 활용하여 요청할 수 있습니다.

핵심 표현

등   쩌   자우 무이   내
Đừng cho rau mùi nhé.

고수를 넣지 말아주세요.

단어를 바꿔서 표현해 보세요.

- ớt [얻] 고추
- tiêu [띠에우] 후추
- hành [하잉] 파
- hành tây [하잉 떠이] 양파

단어

đừng [등] (부정 명령형)
~하지 마세요, ~하지 말라
cho [쩌] 주다
rau mùi [자우 무이] 고수

Tip 음식이 맛있었을 때 점원에게 음식에 대한 칭찬을 자연스럽게 전달해 보세요.

먼   안   응   람
Món ăn ngon lắm.   음식이 아주 맛있어요.

젇   헙   커우 비 꾸어 또이
Rất hợp khẩu vị của tôi.   제 입맛에 아주 잘 맞아요.

쩐   자우   지웁   또이   내

Chần rau giúp tôi nhé.

야채를 데쳐 주세요.

쩌   또이   씬   몯   꼭   느억

Cho tôi xin một cốc nước.

물 한 잔 주세요.

틷   쯔어   찐   람

Thịt chưa chín lắm.

고기가 덜 익었어요. (직역: 고기가 많이 덜 익었어요.)

> lắm은 '아주, 많이, 매우'의 뜻으로, 'chưa ~ lắm'는 '아주 ~하지 않았다, 별로 ~하지 않다'라는 의미로 사용됩니다.

또이   무온   도이   쪼

Tôi muốn đổi chỗ.

자리를 바꾸고 싶어요.

 엿보기 단어

chần [쩐] 데치다

rau [자우] 야채

cốc [꼭] 컵

nước [느억] 물

thịt [틷] 고기

chưa chín [쯔어 찐] 덜 익다

① _____ (을/를) 넣지 말아주세요.

Đừng cho ███████████████ **nhé.**

> ┈▸ rau sống [자우 쏭] 생야채
>   mắm tôm [맘 똠] 발효 새우 소스
>   nước mắm [느억 맘] 피시 소스

② _____ (해) 주세요.

███████████████████ **giúp tôi nhé.**

> ┈▸ Nấu thịt chín hơn [너우 틷 찐 헌] 고기를 더 익히다
>   Chần giá đỗ [쩐 지아 도] 숙주나물을 데치다
>   Làm món ăn không cay [람 먼 안 콩 까이] 음식을 안 맵게 하다

③ 많이 _____ (해)요.

███████████████ **lắm.**

> ┈▸ Nước dùng nhạt [느억 중 낟] 국물이 싱겁다
>   Thịt dai [틷 자이] 고기가 질기다
>   Cá tanh [까 따잉] 생선이 비린 냄새가 나다

질문과 답변은 어떤 것들이 있을까요?

아잉 껀 지 아

Anh cần gì ạ?

무엇이 필요하세요?

쩌 또이 씬 몯 꼭 느억

➡ Cho tôi xin một cốc nước.

물 한 잔 주세요.

쩌 또이 까이 받 녀

➡ Cho tôi cái bát nhỏ.

작은 그릇 주세요.

먼 안 테 나오 아

Món ăn thế nào ạ?

음식이 어떠세요?

틷 쯔어 찐 람

➡ Thịt chưa chín lắm.

고기가 덜 익었어요.

먼 안 나이 허이 까이

➡ Món ăn này hơi cay.

이 요리가 조금 매워요.

음식점 4 (주문/요청하기)

🎧 02-23

카페에서 음료를 주문할 때도 'Cho tôi ~(저에게 ~ 주세요)'를 활용하여 주문할 수 있습니다. 카페에서 자주 쓰이는 주문 및 요청 표현들을 익혀보세요.

핵심 표현

찌 또이 까 페 다 콩 드엉

Cho tôi cà phê đá, không đường.

(저에게) 무설탕 아이스커피 주세요.

단어를 바꿔서 표현해 보세요.

- nước ép hoa quả [느억 앱 화 꾸아] 과일주스
- sinh tố [씽 또] 스무디
- nước lọc [느억 럭] 생수
- cà phê sữa đá [까 페 쓰어 다] 아이스 연유커피
- cà phê đen [까 페 댄] 블랙커피
- cà phê muối [까 페 무오이] 소금 커피
- cà phê trứng [까 페 쯩] 에그 커피

단어

cà phê đá [까 페 다]
아이스커피
không đường [콩 드엉]
무설탕

Tip ● quá과 lắm

두 단어는 모두 '너무, 아주'의 뜻으로 형용사 뒤에 위치하지만, 약간의 의미적 차이가 있습니다.

① quá : 감탄의 의미로, 과도하거나 지나친 상태를 표현할 때 사용합니다.

② lắm : 강조적인 의미로, 과도한 정도를 표현할 때 사용합니다.

175p. lắm 참고

어 더이 꺼 느억 앱 즈어 허우 콩

Ở đây có nước ép dưa hấu không?

여기에 수박주스가 있나요?

까 페 덤 꾸아

Cà phê đậm quá.

커피가 너무 진해요.

또이 콩 틱 응얻

Tôi không thích ngọt.

나는 단것을 좋아하지 않아요.

쩌 드엉 지엥 내

Cho đường riêng nhé.

설탕 따로 주세요.

 엿보기 단어

nước ép dưa hấu [느억 앱 즈어 허우] 수박주스
đậm [덤] 진하다
ngọt [응얻] 달다

đường [드엉] 설탕
riêng [지엥] 따로

① 너무 _____ (해)요.

_____ quá.

> Nhiều đá [니에우 다] 얼음이 많다
>
> Nhạt [냗] 싱겁다
>
> Loãng [러앙] 희석되다, 과다 추출되다

② 나는 _____ (하)지 않아요.

Tôi không _____.

> uống nước lạnh [우옹 느억 라잉] 찬 물을 마시다
>
> quen uống nóng [꾸앤 우옹 넝] 따뜻한 음료가 익숙하다
>
> thích vị béo [틱 비 배오] 느끼한 맛을 좋아하다

③ _____ 따로 주세요.

Cho _____ riêng nhé.

> sữa đặc [쓰어 닥] 연유
>
> sữa tươi [쓰어 뜨어이] 우유
>
> nước đường [느억 드엉] 시럽

어 더이 꺼 느억 앱 즈어 허우 콩
Ở đây có nước ép dưa hấu không?

여기에 수박주스가 있나요?

꺼 홈 나이 즈어 하우 뜨어이 람
➡ **Có, hôm nay dưa hấu tươi lắm.**　　있어요, 오늘 수박이 아주 싱싱해요.

콩 꺼 꾸안 쭝 또이 콩 꺼 느억 앱
➡ **Không có, quán chúng tôi không có nước ép.**

없어요, 우리 가게에는 주스가 없어요.

아잉 꺼 이에우 꺼우 지 콩
Anh có yêu cầu gì không?

요청 사항이 있으세요?

또이 콩 틱 응얻
➡ **Tôi không thích ngọt.**　　나는 단것을 좋아하지 않아요.

쩌 드엉 지엥 내
➡ **Cho đường riêng nhé.**　　설탕 따로 주세요.

계산하기

🎧 02-25

베트남은 최근 모바일 결제 시스템이 매우 보편화되었습니다. 현금 결제 외에도 카드 결제, QR 코드 결제, 모바일 결제 앱 등 다양한 결제 방법으로 여행자들에게 환영받고 있습니다. 계산할 때 자주 쓰이는 표현들을 익혀보세요.

핵심 표현

꺼 　 테 　 타잉 　 떠안 　 방 　 태 　 콩

Có thể thanh toán bằng thẻ không?

카드로 결제할 수 있나요?

단어를 바꿔서 표현해 보세요.

▫ **tiền mặt** [띠엔 맏] 현금

▫ **mã QR** [마 꾸어러] QR 코드

▫ **ứng dụng thanh toán** [응 중 타잉 떠안] 결제 앱

단어

có thể [꺼 테] ~할 수 있다
thanh toán [타잉 떠안]
결제하다
bằng [방] (수단, 방법 등) ~로
thẻ [태] 카드

Tip

● 여행자들을 위한 '면세 영수증'

베트남 여행 중 물건을 구매할 때, 세금을 환급받을 수 있는 '면세 영수증'을 받을 수 있습니다. 면세 영수증은 면세 혜택이 적용되는 상점에서 일정 금액 이상 구매해야 발행됩니다. 출국 전 공항의 면세 환급 창구에서 영수증을 제시하면 세금을 환급받을 수 있으므로 구매 금액과 면세 조건을 미리 확인해 두는 것이 좋습니다.

꺼 　 테 　 쩌 　 또이 　 화 　 던 　 미엔 　 투에 　 콩

Có thể cho tôi hóa đơn miễn thuế không? 면세 영수증을 줄 수 있나요?

떤 까 바오 니에우 띠엔
Tất cả bao nhiêu tiền?

총 얼마예요?

또이 파이 타잉 떠안 바오 니에우 띠엔
Tôi phải thanh toán bao nhiêu tiền?

나는 얼마의 돈을 결제해야 되나요?

어 더이 꺼 년 타잉 떠안 방 태 콩
Ở đây có nhận thanh toán bằng thẻ không?

카드결제를 받으세요?

쩌 또이 화 던 내
Cho tôi hóa đơn nhé.

(저에게) 영수증 주세요.

 **엿보기 단어**

tất cả [떤 까] 총, 모두   nhận [년] 받다

빈 칸에 다양한 어휘를 넣어 보세요.

1 나는 _____ 결제해야 되나요?

Tôi phải thanh toán _____ **?**

⤷ **bằng gì** [방 지] 무엇으로
bao nhiêu [바오 니에우] 얼마
ở đâu [어 더우] 어디서, 어디에

2 _____ 얼마예요?

_____ **bao nhiêu tiền?**

⤷ **Chiếc áo sơ mi này** [찌엑 아오 써 미 나이] 이 셔츠
Chiếc quần này [찌엑 꾸언 나이] 이 바지
Chiếc túi này [찌엑 뚜이 나이] 이 가방

3 (저에게) _____ 주세요.

Cho tôi _____ **nhé.**

⤷ **túi giấy** [뚜이 지어이] 종이 가방
túi bóng [뚜이 벙] 비닐봉지
thẻ giữ xe [태 지으 쌔] 주차권

184 오늘부터 **한 줄** 베트남어

어 더이 꺼 녀 타잉 떠안 방 태 콩

Ở đây có nhận thanh toán bằng thẻ không?

카드결제를 받으세요?

벙 떤 니엔 드억

➡ **Vâng, tất nhiên được.**   네, 물론 가능합니다.

콩 어 더이 찌 녀 타잉 떠안 방 띠엔 맡

➡ **Không, ở đây chỉ nhận thanh toán bằng tiền mặt.**

아니요, 여기는 현금결제만 받습니다.

또이 파이 타잉 떠안 바오 니에우 띠엔

Tôi phải thanh toán bao nhiêu tiền?

나는 얼마의 돈을 결제해야 되나요?

쏘 띠엔 꺼 쩬 화 던

➡ **Số tiền có trên hóa đơn.**   금액은 영수증에 나와 있습니다.

떤 까 남 짬 응인 동

➡ **Tất cả 5 trăm nghìn đồng.**   총 5십만 동입니다.

테이크아웃하기

🎧 02-27

베트남인들은 테이크아웃을 자주 이용합니다. 특히 하노이와 호찌민 같은 대도시에서는 바쁜 일상 속에서 간편하게 식사하기 위해 테이크아웃이 인기입니다. 테이크아웃을 의미하는 'mang về'를 활용한 다양한 표현들을 익혀보세요.

핵심 표현

쩌 또이 몯 펀 망 베

Cho tôi một phần mang về.

테이크아웃 1인분 주세요.

단어를 바꿔서 표현해 보세요.

- 2 phần phở bò [하이 펀 퍼 버] 소고기 쌀국수 2인분
- 1 phần cơm sườn [몯 펀 껌 쓰언] 갈비덮밥 1인분
- một cốc cà phê đá [몯 꼭 까 페 다] 아이스커피 1잔

단어

phần [펀] 인분
mang về [망 베]
가지고 가다, Take-Out

● 베트남의 길거리 음식 문화

베트남은 길거리 음식 문화가 발달하여 다양한 음식을 손쉽게 포장해 갈 수 있습니다. 이용자가 많은 만큼 신선한 재료를 사용하는 것이 특징입니다. 대표적인 길거리 음식으로는 쌀국수, 반미, 스프링롤 등이 있으며, 현장에서 바로 먹거나 테이크아웃할 수 있습니다.

어 더이 꺼 반 망 베 콩
Ở đây có bán mang về không?

여기서 테이크아웃 가능한가요?

무어 망 베 꺼 파이 짜 템 띠엔 콩
Mua mang về có phải trả thêm tiền không?

테이크아웃하면 돈을 더 내야 되나요?

쩌 또이 닫 도 안 망 베
Cho tôi đặt đồ ăn mang về.

음식을 테이크아웃으로 주문할게요.

거이 펀 껀 라이 쩌 또이 망 베 내
Gói phần còn lại cho tôi mang về nhé.

남은 음식을 포장해 주세요. (직역: 남은 것을 가져갈 수 있도록 포장해 주세요.)

 엿보기 단어

---

trả thêm tiền [짜 템 띠엔] 돈을 더 내다   gói [거이] 포장하다

đặt [닫] 주문하다   phần còn lại [펀 껀 라이] 남은 것, 남은 음식

① 여기서 _____ 테이크아웃 가능한가요?

Ở đây có bán _____ **mang về không?**

┈→ cơm [껌] 밥

lẩu [러우] 샤브샤브

cháo [짜오] 죽

② _____ 테이크아웃으로 주문할게요.

Cho tôi đặt _____ **mang về.**

┈→ một con gà nướng [몯 껀 가 느엉] 닭구이 한 마리

bún chả [분 짜] 분짜

món nước [먼 느억] 국물요리

③ 테이크아웃하면 _____ (하)나요?

Mua mang về có _____ **không?**

┈→ được giảm giá [드억 지암 지아] 할인받다

bị đổ [비 도] 엎어지다, 쏟아지다

còn ngon [껀 응언] 여전히 맛있다

질문과 답변은 어떤 것들이 있을까요?

어 더이 꺼 반 망 베 콩

Ở đây có bán mang về không?

여기서 테이크아웃 가능한가요?

벙 꺼 쯔 아

➡ **Vâng, có chứ ạ.**

네, 당연히 됩니다.

콩 먼 나이 안 어 꾸안 쌔 응언 헌

➡ **Không, món này ăn ở quán sẽ ngon hơn.**

아니요, 이 요리는 식당에서 먹는게 더 맛있어요.

무어 망 베 꺼 파이 짜 템 띠엔 콩

Mua mang về có phải trả thêm tiền không?

테이크아웃하면 돈을 더 내야 되나요?

므어 망 베 쌔 드억 지암 지아 므어이 펀짬

➡ **Mua mang về sẽ được giảm giá 10%.**

테이크아웃하면 10% 할인받을 수 있어요.

콩 지아 느 나우

➡ **Không, giá như nhau.**

아니요, 가격이 똑같아요.

베트남의 식사 문화와 대표 음식

베트남의 식사 문화와 대표 음식을 알아봅시다.

● **식사 문화**

(1) **주식**

베트남인들의 주식은 쌀입니다. 밥, Phở(쌀국수)와 같이 쌀로 만든 다양한 음식들이 있습니다.

(2) **식사 도구**

젓가락과 숟가락을 주로 사용합니다. 숟가락은 국물을 먹을 때, 젓가락은 밥이나 면을 먹을 때, 포크는 주로 양식이나 과일을 먹을 때 사용합니다.

(3) **길거리 음식**

베트남은 길거리 음식이 발달한 나라입니다. 아침에 길에서 반미나 찹쌀밥 같은 간편한 음식을 사 먹는 모습을 흔히 볼 수 있습니다. 저렴한 가격에 신선한 재료와 다양한 맛을 즐길 수 있어 현지인과 관광객들에게 많은 사랑을 받고 있습니다.

● **대표 음식**

(1) **포 (phở)**

베트남의 대표적인 쌀국수 요리입니다. 소고기(phở bò)나 닭고기(phở gà)로 국물을 우려내어 만듭니다. 깊고 진한 국물 맛이 특징이며 향채, 숙주나물, 라임 등을 곁들여 먹습니다. 베트남인들의 아침 식사로 인기가 많고 세계적으로도 사랑받는 요리 중 하나입니다.

(2) **반미 (bánh mì)**

프랑스 식민지 시대의 영향을 받아 탄생한 바게트 샌드위치입니다. 바삭한 빵 속에 고기, 야채, 마요네즈, 고수 등이 들어가며 취향에 따라 돼지고기, 닭고기, 계란프라이 등을 추가할 수 있습니다. 간편하게 즐길 수 있는 길거리 음식 중 하나입니다.

⑶ 짜조 (chả giò)

얇은 라이스 페이퍼에 다진 돼지고기, 계란 노른자, 채소를 넣고 말아서 튀겨낸 베트남식 스프링롤입니다. 바삭한 식감이 특징이며 신선한 쌈채소와 함께 느억맘 소스(피쉬 소스)를 찍어 먹습니다. 축제나 명절 음식으로도 자주 등장합니다.

⑷ 분짜 (bún chả)

구운 돼지고기 완자와 쌀국수, 향채를 느억맘 소스와 함께 섞어 먹는 요리입니다. 소스의 달콤하고 짭짤한 맛이 돼지고기와 잘 어울립니다. 현지인과 관광객 모두에게 사랑받는 전통 요리입니다.

⑸ 반쎄오 (bánh xèo)

베트남 남부 지방의 대표 요리로, 쌀가루 반죽에 새우, 돼지고기, 숙주 등을 넣어 얇게 부쳐서 바삭하게 만든 요리입니다. 쌈채소와 느억맘 소스를 곁들여 손으로 싸 먹는 방식입니다.

⑹ 분보후에 (bún bò Huế)

베트남 중부 지방인 후에(Huế)에서 유래한 매운 쌀국수 요리입니다. 고기 육수에 레몬그라스와 고추기름을 사용해 독특하고 깊은 맛을 내며 쌀국수, 소고기, 돼지발, 채소가 어우러져 풍성한 한 끼 식사를 즐길 수 있습니다.

호텔 체크인/아웃 하기

🎧 02-29

하노이, 호찌민, 다낭 등 대도시에서는 대부분의 호텔 직원들과 영어로 의사소통이 가능하지만 작은 호텔에서는 어려울 수 있으므로 호텔 체크인/아웃 시 사용하는 간단한 베트남어 표현을 미리 익혀 두는 것이 좋습니다.

또이　　무온　　　년　　　펑

Tôi muốn nhận phòng.

체크인을 하고 싶어요.

단어를 바꿔서 표현해 보세요.

- trả phòng [짜 펑] 체크아웃하다, Check-Out
- phòng ở tầng cao [펑 어 떵 까오] 높은 층에 있는 방
- phòng không hút thuốc [펑 콩 훈 투옥] 금연 룸
- phòng hút thuốc [펑 훈 투옥] 흡연 룸

단어

nhận phòng [년 펑]
체크인하다, Check-In

Tip ● 체크인 시, 여권 준비하기

베트남에서는 외국인 등록법에 따라 외국인은 반드시 호텔 체크인 시 여권을 제출해야 합니다. 현지인은 신분증을 제출하면 되지만, 외국인의 경우에는 여권을 복사한 후 체크인 절차가 진행되므로 여권 준비는 필수입니다.

또이 다 닫 펑 방 뗀 김 하나

Tôi đã đặt phòng bằng tên Kim Hana.

나는 김하나 이름으로 방을 예약했어요.

또이 파이 짜 펑 룩 머이 지어

Tôi phải trả phòng lúc mấy giờ?

몇 시에 체크아웃해야 되나요?

쩡 펑 꺼 끄어 쏘 콩

Trong phòng có cửa sổ không?

방 안에 창문이 있나요?

펑 꾸어 또이 어 떵 머이

Phòng của tôi ở tầng mấy?

제 방은 몇 층에 있나요?

 엿보기 단어

đặt phòng [닫 펑] 방을 예약하다 **cửa sổ** [끄어 쏘] 창문

lúc mấy giờ [룩 머이 지어] 몇 시에 **tầng mấy** [떵 머이] 몇 층

① 몇 시에 _____?

Tôi _____ **lúc mấy giờ?**

┊→ **có thể nhận phòng** [꺼 테 년 펑] 체크인할 수 있다

có thể ăn sáng [꺼 테 안 쌍] 아침식사를 할 수 있다

có thể dùng phòng gym [꺼 테 중 펑 짐] 헬스장을 사용할 수 있다

② 방 안에 _____(이/가) 있나요?

Trong phòng có _____ **không?**

┊→ **dầu gội đầu và sữa tắm** [저우 고이 더우 바 쓰어 땀] 샴푸와 보디워시

bàn chải đánh răng [반 짜이 다잉 장] 칫솔

tủ lạnh mini [뚜 라잉 미니] 미니 냉장고, Mini-Bar

③ 나는 _____(을/를) 예약했어요.

Tôi đã đặt _____.

┊→ **phòng tiêu chuẩn** [펑 띠에우 쭈언] 스탠더드룸

phòng gia đình [펑 지아 딩] 가족 방

3 phòng [바 펑] 방 3개

펑　　꾸어　또이 어　떵　　머이
Phòng của tôi ở tầng mấy?

제 방은 몇 층에 있나요?

펑　　꾸어　아잉 어　떵　므어이
➡ **Phòng của anh ở tầng 10.**　　　당신의 방은 10층에 있어요.

쏘　　펑　　어　쩬　태　　펑
➡ **Số phòng ở trên thẻ phòng.**　　　방 번호는 방 키에 적혀 있어요.

또이　파이　짜　　펑　　룩　　머이　지어
Tôi phải trả phòng lúc mấy giờ?

몇 시에 체크아웃해야 되나요?

쯔억　　므어이몯 지어
➡ **Trước 11 giờ.**　　　11시까지입니다.

지어　　짜　　펑　　라　므어이하이 지어
➡ **Giờ trả phòng là 12 giờ.**　　　체크아웃 시간은 12시입니다.

호텔 이용하기

🎧 02-31

호텔에 머무는 동안 편안한 숙박을 위해 시설 이용에 필요한 사항 등을 프런트 직원에게 문의하거나 요청을 할 수 있습니다. 호텔 서비스 이용과 관련된 다양한 표현들을 익혀보세요.

핵심 표현

베　버이　머　끄어　뜨　머이　지어　덴　머이　지어

Bể bơi mở cửa từ mấy giờ đến mấy giờ?

수영장은 몇 시부터 몇 시까지 여나요?

단어를 바꿔서 표현해 보세요.

- **phòng gym** [펑 짐] 헬스장
- **nhà hàng** [냐 항] 고급 식당, 레스토랑
- **phòng xông hơi** [펑 쏭 허이] 사우나
- **quán bar** [구안 바] 바, Bar

단어

mở cửa [머 끄어]
문을 열다

또이 무온 거이 푹 부 특 안 따이 펑

Tôi muốn gọi phục vụ thức ăn tại phòng.

룸서비스를 이용하고 싶어요.

* phục vụ thức ăn tại phòng = room service 룸서비스

베 버이 꺼 미엔 피 콩

Bể bơi có miễn phí không?

수영장은 무료인가요?

쩌 또이 템 칸 내

Cho tôi thêm khăn nhé.

수건을 더 주세요.

또이 콩 비엗 까익 쓰 중 와이파이

Tôi không biết cách sử dụng wifi.

와이파이 사용 방법을 모르겠어요.

 **엿보기 단어**

phục vụ thức ăn tại phòng [푹 부 특 안 따이 펑]
방 안에서 음식을 서빙하다, 룸서비스

miễn phí [미엔 피] 무료

khăn [칸] 수건
cách sử dụng [까익 쓰 중] 사용 방법

① _____ (하)고 싶어요.

Tôi muốn _____.

→ sử dụng dịch vụ spa [쓰 중 직 부 스파] 스파 서비스를 이용하다

sử dụng dịch vụ morning call [쓰 중 직 부 모닝 콜] 모닝콜 서비스를 이용하다

nhờ gọi taxi [녀 거이 딱씨] 택시 부르는 것을 부탁하다

② _____ (을/를) 더 주세요.

Cho tôi thêm _____ **nhé.**

→ trà [짜] 차

cà phê [까 페] 커피

xà phòng [싸 펑] 비누

③ _____ 사용 방법을 모르겠어요.

Tôi không biết cách sử dụng _____.

→ tivi [띠비] 텔레비전

két sắt [깹 쌑] 금고

máy điều hòa [마이 디에우 화] 에어컨

베 버이 머 끄어 뜨 머이 지어 덴 머이 지어

Bể bơi mở cửa từ mấy giờ đến mấy giờ?

수영장은 몇 시부터 몇 시까지 여나요?

뜨 싸우 지어 쌍 덴 므어이 지어 또이

➡ **Từ 6 giờ sáng đến 10 giờ tối.**

오전 6시부터 저녁 10시까지입니다.

베 버이 머 끄어 하이뜨젠 하이뜨

➡ **Bể bơi mở cửa 24/24.**

24시간 엽니다.

베 버이 꺼 미엔 피 콩

Bể bơi có miễn phí không?

수영장은 무료인가요?

벙 베 버이 미엔 피

➡ **Vâng, bể bơi miễn phí.**

네, 수영장은 무료입니다.

아잉 파이 짜 피 바오 베 버이

➡ **Anh phải trả phí vào bể bơi.**

수영장 입장료를 내셔야 합니다.

호텔 불편 사항 말하기

🎧 02-33

호텔에 머무는 동안 호텔 서비스나 시설 등이 마음에 들지 않거나 불편한 사항이 생길 수 있습니다. 불만을 제기할 때는 차분하고 예의 바르게 문제를 설명하고 해결 방법을 요청하는 것이 좋습니다.

마이　디에우　화　비　형　조이

Máy điều hòa bị hỏng rồi.

에어컨이 고장났어요.

단어를 바꿔서 표현해 보세요.

- máy sấy tóc [마이 써이 떡] 헤어드라이어
- bàn là [반 라] 다리미
- wifi [와아파이] 와이파이
- đèn [댄] 전등

단어

máy điều hòa
[마이 디에우 화] 에어컨

bị hỏng [비 형] 고장나다

쩡 펑 콩 꺼 싸 펑

Trong phòng không có xà phòng.

방 안에 비누가 없어요.

냐 베 씽 번 꾸아

Nhà vệ sinh bẩn quá.

화장실이 너무 더러워요.

펑 꾸어 또이 꺼 무이

Phòng của tôi có mùi.

제 방은 냄새가 나요.

본 즈어 맏 비 딱

Bồn rửa mặt bị tắc.

세면대가 막혔어요.

 엿보기 단어

nhà vệ sinh [냐 베 씽] 화장실   bồn rửa mặt [본 즈어 맏] 세면대

bẩn [번] 더럽다   bị tắc [비 딱] 막히다

mùi [무이] 냄새

빈 칸에 다양한 어휘를 넣어 보세요.

1 방 안에 _____ (이/가) 없어요.

Trong phòng không có _____.

⤷ điều khiển tivi [디에우 키엔 띠비] TV 리모컨
  giấy vệ sinh [지어이 베 씽] 화장지
  khăn giấy [칸 지어이] 휴지

2 너무 _____ .

_____ **quá.**

⤷ Phòng cách âm kém [펑 까익 엄 껨] 방음이 잘 안 되다
  Chăn và gối bẩn [잔 바 고이 번] 이불과 베개가 더럽다
  Phòng nhỏ [펑 녀] 방이 작다

3 _____ (이/가) 막혔어요.

_____ **bị tắc.**

⤷ Bồn cầu [본 꺼우] 변기
  Bồn tắm [본 땀] 욕조
  Nhà vệ sinh [냐베 씽] 화장실

쩡 펑 콩 꺼 싸 펑
Trong phòng không có xà phòng.

방 안에 비누가 없어요.

쭝 또이 쌔 망 렌 응아이
➡ **Chúng tôi sẽ mang lên ngay.**   바로 가지고 올라갈게요.

씬 로이 아잉 쩌 몯 쭏
➡ **Xin lỗi, anh chờ một chút.**   죄송합니다. 잠시만 기다려 주세요.

본 즈어 맏 비 딱
Bồn rửa mặt bị tắc.

세면대가 막혔어요.

또이 쌔 쩌 년 비엔 렌 끼엠 짜
➡ **Tôi sẽ cho nhân viên lên kiểm tra.**

직원을 보내서 확인하도록 할게요.

또이 쌔 도이 펑 쩌 아잉
➡ **Tôi sẽ đổi phòng cho anh.**   방을 바꿔 드릴게요.

호텔 방 바꾸기

🎧 02-35

호텔에 머무는 동안 여러 이유로 방을 바꿔야 하는 경우가 있습니다. '~ 방으로 바꾸고 싶어요'라고 말할 수 있지만, 방을 바꿔야 하는 이유를 간단히 설명하는 것도 좋습니다. 방을 바꿀 때 사용할 수 있는 표현들을 익혀보세요.

핵심 표현

또이　　무온　　도이　　쌍　　펑　　칵

Tôi muốn đổi sang phòng khác.

다른 방으로 바꾸고 싶어요.

단어를 바꿔서 표현해 보세요.

- phòng có cửa sổ [펑 꺼 끄어 쏘] 창문이 있는 방
- phòng không có mùi [펑 콩 꺼 무이] 냄새가 없는 방
- phòng sạch hơn [펑 싸익 헌] 더 깨끗한 방
- phòng ở góc [펑 어 걱] 모퉁이에 있는 방

단어

phòng [펑] 룸, 방
khác [칵] 다르다

또이 콩 테어 펑 더 템 느어

Tôi không thể ở phòng đó thêm nữa.

그 방에 더 이상 있을 수가 없어요.

도이 쩌 또이 쌍 펑 칵 내

Đổi cho tôi sang phòng khác nhé.

다른 방으로 바꿔 주세요.

펑 꾸어 또이 꺼 꼰 쭝 넨 또이 무온 도이 펑

Phòng của tôi có côn trùng nên tôi muốn đổi phòng.

제 방은 곤충이 있어서 방을 바꾸고 싶어요.

꺼 테 도이 펑 칵 쩌 또이 콩

Có thể đổi phòng khác cho tôi không?

다른 방으로 바꿔 주실 수 있나요?

 **엿보기 단어**

không thể ~ [콩 테] ~할 수 없다   côn trùng [꼰 쭝] 곤충
thêm nữa [템 느어] 더 이상

1 _____ 방으로 바꿔 주세요.

Đổi cho tôi sang phòng _____ **nhé.**

⌐→ **có 2 giường** [꺼 하이 지으엉] 침대 2개 있다

có bồn tắm [꺼 본 땀] 욕조가 있다

có ban công [꺼 반 꽁] 발코니가 있다

2 제 방은 _____ (이/가) 있어서 방을 바꾸고 싶어요.

Phòng của tôi có _____ **nên tôi muốn đổi phòng.**

⌐→ **tiếng ồn** [띠엥 온] 소음

mùi [무이] 냄새가 나다

muỗi [무오이] 모기

3 _____ 방으로 바꿔 주실 수 있나요?

Có thể đổi phòng _____ **cho tôi không?**

⌐→ **rộng hơn** [종 헌] 더 넓다

sạch hơn [싸익 헌] 더 깨끗하다

ngay [응아이] 바로, 즉시

↘**Có thể đổi phòng ngay cho tôi không?**

바로/즉시 방을 바꿔 주실 수 있나요?

꺼 테 도이 펑 칵 쩌 또이 콩

Có thể đổi phòng khác cho tôi không?

다른 방으로 바꿔 주실 수 있나요?

씬 로이 녀응 쭝 또이 콩 껀 펑 쫑

➡ Xin lỗi, nhưng chúng tôi không còn phòng trống.

죄송하지만, 빈 방이 없습니다.

씬 로이 아잉 쩌 또이 쓰 리 냬

➡ Xin lỗi, anh chờ tôi xử lý nhé.

죄송합니다, 처리할 테니 기다려 주세요.

비 싸오 아잉 무온 도이 펑

Vì sao anh muốn đổi phòng?

왜 방을 바꾸고 싶으세요?

비 펑 또이 번 꾸어

➡ Vì phòng tôi bẩn quá.   제 방이 너무 더러워서요.

펑 꾸어 또이 꺼 꼰 쭝 넨 또이 무온 도이 펑

➡ Phòng của tôi có côn trùng nên tôi muốn đổi phòng.

제 방은 곤충이 있어서 방을 바꾸고 싶어요.

베트남의 주거 형태와 주거 문화

베트남의 주거 형태 및 주거 문화는 지역과 경제적 수준 등에 따라 달라집니다. 베트남인들의 주거 환경을 알아봅시다.

● 주거 형태

(1) 아파트 (chung cư)

도시화가 빠르게 진행되면서 하노이, 호찌민, 다낭 같은 대도시에서는 아파트가 주거 형태로 점점 보편화되고 있습니다. 특히, 젊은 세대와 중산층 및 부유층 사이에서 아파트에 거주하는 비율이 증가하고 있으며, 현대적인 시설과 보안 시스템을 갖춘 고급 아파트 단지가 많이 형성되어 있습니다.

(2) 고급 단독 주택 (nhà biệt thự)

경제적으로 여유가 있는 상류층은 도시 외곽에 위치한 고급 단독 주택에서 거주하는 경우가 많습니다. 넓은 정원과 수영장 등 프라이버시를 중시한 설계가 특징입니다.

(3) 일반 단독 주택 (nhà riêng)

베트남에서 가장 흔한 주거 형태로, 이웃 간의 교류가 활발하며 서로 돕고 의지하는 공동체 문화가 있습니다. 일반 단독 주택은 가족 중심의 생활 공간으로 여러 세대가 함께 사는 경우가 많습니다.

● 주거 문화

⑴ 가족 중심 생활

베트남은 가족을 생활의 중심이라고 생각합니다. 여러 세대가 함께 사는 것이 일반적이며, 'Tam đại đồng đường(세 세대가 함께 사는 집), Tứ đại đồng đường(네 세대가 함께 사는 집)'이라는 표현이 있을 만큼 부모, 자녀, 손주가 한 집에서 서로 돕고 돌보며 살아가는 전통이 깊이 자리 잡고 있습니다.

⑵ 집의 영적인 의미

베트남 가정은 조상을 기리고 존중하는 문화가 강합니다. 대부분의 가정에는 조상의 위패나 초상화를 모신 제단이 별도로 있으며, 정기적으로 향을 피우고 음식을 올리며 조상의 안녕과 가정의 평화를 기원합니다.

⑶ 내 집 마련의 중요성

베트남인들은 An cư lạc nghiệp [안거락업]이라는 말이 있을 정도로 안정된 주거지가 있을 때 마음의 안정을 찾고 그에 따른 직업이나 다른 삶의 영역에서도 성공과 만족을 이룰 수 있다고 믿습니다. 주거 공간이 단순히 생활하는 곳 이상으로 삶의 질과 행복에 중요한 영향을 미친다는 것을 의미합니다.

티켓 구매하기

🎧 02-37

베트남에서 티켓은 온라인 예약 사이트나 현장에서 구매할 수 있습니다. 다양한 종류의 티켓이 있으며, 나이에 따라 할인 티켓을 제공하는 곳도 있으므로 미리 확인하는 것이 좋습니다. 티켓 구매 시 자주 쓰이는 표현들을 익혀보세요.

핵심 표현

쩌 또이 몯 배 응으어이 런
Cho tôi 1 **vé người lớn** .

성인 표 1장 주세요.

단어를 바꿔서 표현해 보세요.

- vé trẻ em [배 쩨 앰] 어린이 표
- vé người lớn tuổi [배 응으어이 런 뚜오이] 어르신 표
- vé trọn gói [배 쩐 거이] 패키지 표
- vé 2 chiều [배 하이 찌에우] 왕복표
- vé 1 chiều [배 몯 찌에우] 편도 표

단어

vé [배] 표, 티켓
vé người lớn
[배 응으어이 런] 성인 표

찌 꺼 배 지암 지아 콩
Chị có vé giảm giá không?

할인 티켓 있나요?

또이 무온 무어 몯 배
Tôi muốn mua 1 vé.

나는 표 하나를 사고 싶어요.

반 쩌 또이 몯 배 바오 끄어
Bán cho tôi 1 vé vào cửa.

입장권 하나 주세요. (직역: 저에게 입장권 하나를 팔아주세요.)

바오 니에우 띠엔 몯 배
Bao nhiêu tiền một vé?

표 한 장에 얼마예요?

 **엿보기 단어**

---

vé giảm giá [배 지암 지아] 할인 티켓   **vé vào cửa** [배 바오 끄어] 입장권
bán [반] 팔다

① _____ 티켓/표 있나요?

Chị có vé [   ] **không?**

↳ **10 giờ sáng** [므어이 지어 쌍] 아침 10시
ngày mai [응아이 마이] 내일
combo [꼼보] 콤보

② _____ 를 (팔아)주세요.

Bán cho tôi [   ].

↳ **vé tham quan đài quan sát** [배 탐 꼬안 다이 꼬안 쌋] 전망대 관람표
vé tàu hỏa đi Sapa [배 따우 화 디 싸빠] 사파로 가는 기차표
vé xe giường nằm [배 쌔 지으엉 남] 슬리핑 버스표

③ _____ 를 사고 싶어요.

Tôi muốn mua [   ].

↳ **vé buổi sáng** [배 부오이 쌍] 아침 시간대 표
vé buổi trưa [배 부오이 쯔어] 점심시간대 표
vé buổi tối [배 부오이 또이] 저녁 시간대 표

찌 꺼 배 지암 지아 콩

Chị có vé giảm giá không?

할인 티켓 있나요?

벙 아잉 무어 머이 배

➡ **Vâng, anh mua mấy vé?**　　　　네, 몇 장 사세요?

씬 로이 　 쭝 또이 헽 배 지암 지아 조이

➡ **Xin lỗi, chúng tôi hết vé giảm giá rồi.**

죄송하지만, 할인 티켓은 매진됐어요.

또이 　 무온 　 무어 몯 배

Tôi muốn mua 1 vé.

나는 표 하나를 사고 싶어요.

꾸어 아잉 떧 까 몯 짬 응인 동

➡ **Của anh tất cả một trăm nghìn đồng.** 총 10만 동이에요.

배 더이 아

➡ **Vé đây ạ.**　　　　　　　　表 여기 있어요.

관광하기

🎧 02-39

베트남 여행 중, 관광지 방문은 필수 코스 중 하나입니다. 방문 전에는 개장/폐장 시간과 휴무일을 미리 확인하는 것이 좋습니다. 관광지를 이용할 때 자주 쓰이는 표현들을 익혀보세요.

꾸어이   반   배   어   더우

Quẩy bán vé ở đâu?

매표소가 어디인가요?

단어를 바꿔서 표현해 보세요.

- quầy hướng dẫn [꾸어이 흐엉 전] 안내 데스크
- khu ăn uống [쿠 안 우옹] 식당가
- nơi bán quà lưu niệm [너이 반 꾸아 르우 니엠] 기념품 파는 장소
- nơi bảo quản đồ thất lạc [너이 바오 꾸안 도 털 락] 분실물 보관소

단어

quầy bán vé [꾸어이 반 배]
매표소

꺼 뚜어 쌔 부잇 주 릭 콩
Có tour xe buýt du lịch không?

관광버스 투어가 있나요?

로이 자어 더우
Lối ra ở đâu?

출구가 어디인가요?

꺼 응어이 흐엉 전 탐 꼬안 콩
Có người hướng dẫn tham quan không?

관광 안내원이 있나요?

지어 덩 끄어 라 머이 지어
Giờ đóng cửa là mấy giờ?

폐장 시간은 몇 시인가요?

 **엿보기 단어**

tour xe buýt du lịch
[뚜어 쌔 부잇 주 릭] 관광버스 투어

lối ra [로이 자] 출구

người hướng dẫn tham quan
[응어이 흐엉 전 탐 꼬안] 관굉 안내원

giờ đóng cửa [지어 덩 끄어] 폐장 시간

1

_____ (이/가) 있나요?

Có _____ **không?**

↳ **tủ bảo quản đồ** [뚜 바오 꾸안 도] 물품 보관함
 hướng dẫn viên [흐엉 전 비엔] 가이드
 giấy hướng dẫn [지어이 흐엉 전] 안내지

2

_____ (이/가) 어디인가요?

_____ **ở đâu?**

↳ **Lối vào** [로이 바오] 들어가는 곳, 입구
 Cầu thang [꺼우 탕] 계단
 Thang máy [탕 마이] 엘리베이터

3

_____ (은/는) 몇 시인가요?

_____ **là mấy giờ?**

↳ **Giờ mở cửa** [지어 머 끄어] 개장 시간
 Giờ triển lãm [지어 찌엔 람] 전시 시간
 Giờ thuyết minh [지어 투이엔 밍] 해설 시간

로이 자 어 더우
Lối ra ở đâu?
출구가 어디인가요?

어 피어 쯔억 맡
➡ **Ở phía trước mặt.**　　　　　　바로 앞쪽에 있어요.

어 피어 싸우
➡ **Ở phía sau.**　　　　　　뒤쪽에 있어요.

지어 덩 끄어 라 머이 지어
Giờ đóng cửa là mấy giờ?
폐장 시간은 몇 시인가요?

남 지어 찌에우
➡ **5 giờ chiều.**　　　　　　오후 5시예요.

바이 지어 또이
➡ **7 giờ tối.**　　　　　　저녁 7시예요.

베트남의 관광지

베트남은 아름다운 자연 경관과 유네스코 세계유산으로 지정된 다양한 관광지로 세계적인 관심을 받고 있습니다. 대표적인 유네스코 등재 유산으로는 '하롱베이, 퐁냐께방 국립공원, 짱안 경관 복합지구'가 있습니다. 이외에도 베트남에는 자연 경치로 유명한 관광지가 많습니다.

● 하롱베이 (Vịnh Hạ Long)

북부 꽝닌성(Quảng Ninh)에 위치한 유네스코 세계자연유산으로, 1,900개 이상의 섬과 암초로 이루어진 자연 경관을 자랑합니다. '하늘에서 내려오는 용(Hạ Long)'이라는 뜻의 이름처럼 동굴, 폭포, 해변 등이 신비롭고 웅장한 경관으로 많은 관광객의 사랑을 받고 있습니다.

● 퐁냐께방 국립공원 (Vườn quốc gia Phong Nha-Kẻ Bàng)

중부 꽝빈성(Quảng Bình)에 위치한 유네스코 세계자연유산으로, 400개 이상의 신비로운 동굴로 유명합니다.

⑴ 선둥 동굴 (Sơn Đoòng)
  2009년에 발견된 이 동굴은 세계에서 가장 큰 동굴로 알려져 있습니다. 길이가 약 9km에 달하며, 자연의 경이로움을 보여줍니다.

⑵ 퐁냐 동굴 (Phong Nha)

아름다운 암석 형성과 지하 강으로 유명한 동굴로, 보트를 타고 동굴 내부를 탐험할 수 있습니다.

● 짱안 경관 복합지구 (Quần thể danh thắng Tràng An)

베트남 최초의 세계문화유산과 자연유산으로 2014년에 유네스코에 등재되었습니다. 홍강 삼각주 남쪽의 닌빈성에 위치하고 있으며, 3개의 주요 보호 구역으로 구성되어 있습니다.

⑴ 고도 화르 유적지 (Cố đô Hoa Lư)

베트남 최초의 통일 왕조인 딘 왕조 (Triều Đinh)와 레 왕조('Triều Lê)의 수도였던 곳으로, 베트남 역사에서 중요한 고대 문명의 흔적을 보여주며 여러 중요한 유물과 고고학적 발견이 이루어진 장소입니다.

⑵ 화르 특용림 (Rừng đặc dụng Hoa Lư)

베트남 닌빈(Ninh Bình) 지역에 위치한 보호림으로, 자연 생태계와 역사적 가치를 보호하기 위해 지정된 특별 산림입니다. 다양한 동식물 종을 보존하고 있으며, 역사적·문화적 유적지와 아름다운 자연 경관이 조화를 이루는 아름답고 중요한 숲입니다.

⑶ 짱안 – 땀꼭 – 빅동 경승지 (Danh thắng Tràng An-Tam Cốc-Bích Động)

석회암 절벽, 맑은 강, 동굴을 따라 보트 여행을 즐길 수 있는 명소로, 트래킹과 사진 촬영을 위한 인기 장소입니다. 보트 여행 중 동굴을 탐험하거나 인상적인 석회암 절경을 감상할 수 있으며, 현지의 전통적인 생활 방식과 역사적 유적지도 경험할 수 있습니다.

Tràng An

Tam Cốc

Bích Động

위급상황 표현하기

🎧 02-41

해외여행 중에는 도난이나 기타 난처한 상황을 겪는 일이 종종 있습니다. 당황하지 말고, 주변 사람이나 경찰에게 도움을 요청하는 것이 중요합니다. 여행 중 발생할 수 있는 위급 상황 대처 표현들을 익혀보세요.

핵심 표현

또이 비 먿 비

Tôi bị mất ví.

지갑을 잃어버렸어요.

단어를 바꿔서 표현해 보세요.

- hộ chiếu [호 찌에우] 여권
- điện thoại [디엔 토아이] 휴대폰
- máy tính xách tay [마이 띵 싸익 따이] 노트북
- túi [뚜이] 가방

단어

bị mất [비 먿] 잃다
ví [비] 지갑

또이 다 데 꾸엔 비 어 꾸안 안
Tôi đã để quên ví ở quán ăn.

나는 식당에서 지갑을 두고 나왔어요.

또이 콩 띰 터이 디엔 토아이
Tôi không tìm thấy điện thoại.

나는 휴대폰을 못 찾았어요.

디엔 토아이 꾸어 또이 비 헝
Điện thoại của tôi bị hỏng.

휴대폰이 고장 났어요.

람 언 지웁 또이
Làm ơn giúp tôi.

제발 도와주세요.

 엿보기 단어

để quên [데 꾸엔] 깜빡해서 두고 오다
không tìm thấy [콩 띰 터이] 못 찾았다
bị hỏng [비 헝] 고장나다

làm ơn [람 언] (남에게 부탁을 청할 때) 제발
giúp [지웁] 돕다

빈 칸에 다양한 어휘를 넣어 보세요.

① 나는 _____ 에서 _____ (을/를) 두고 나왔어요.

Tôi đã để quên _____ **ở** _____ .

- **điện thoại** [디엔 토아이] 휴대폰
- **ví** [비] 지갑
- **túi** [뚜이] 가방

- **trong xe taxi** [쩡 쌔 딱씨] 택시 안
- **điểm tham quan** [디엠 탐 꼬안] 관광지
- **nhà vệ sinh** [냐 베 씽] 화장실

② 나는 _____ (을/를) 못 찾았어요.

Tôi không tìm thấy _____ .

- **hành lí** [하잉 리] 짐
- **đồng hồ** [동 호] (손목) 시계
- **ba lô** [바 로] 배낭

③ _____ (이/가) 고장 났어요.

_____ **của tôi bị hỏng.**

- **Xe** [쌔] 차
- **Máy tính xách tay** [마이 띵 싸익 따이] 노트북
- **Pin dự phòng** [삔 즈 펑] 보조배터리

또이 비 먿 비
Tôi bị mất ví.

지갑을 잃어버렸어요.

아잉 파이 디 덴 써 까잉 쌛 카이 바오
➡ **Anh phải đi đến sở cảnh sát khai báo.**

신고하러 경찰서에 가셔야 해요.

아잉 하이 거이 덴 다이 쓰 꾸안 한 꾸옥
➡ **Anh hãy gọi đến Đại sứ quán Hàn Quốc.**

한국 대사관에 전화하세요.

디엔 토아이 꾸어 또이 비 헝
Điện thoại của tôi bị hỏng.

휴대폰이 고장 났어요.

거 더이 꺼 쪼 쓰어
➡ **Gần đây có chỗ sửa.**   이 근처에 수리점이 있어요.

또이 쌔 지웁 아잉
➡ **Tôi sẽ giúp anh.**   도와줄게요.

병원/약국 이용하기

🎧 02-43

여행 중 예기치 않은 질병이나 사고로 병원이나 약국을 이용해야 할 경우가 있습니다.
긴급 상황 시 필요한 필수 표현들을 익혀보세요.

핵심 표현

꺼   투옥   다우   더우   콩

Có thuốc đau đầu không?

두통약이 있나요?

단어를 바꿔서 표현해 보세요.

- thuốc tiêu hóa [투옥 띠에우 화] 소화제
- thuốc trị tiêu chảy [투옥 찌 띠에우 짜이] 설사제
- thuốc nhỏ mắt [투옥 녀 맏] 인공눈물
- thuốc cảm [투옥 깜] 감기약

단어

thuốc [투옥] 약
đau đầu [다우 더우] 두통

Tip 베트남인들은 '약을 먹다'라고 할 때, 알약을 포함한 모든 형태의 약을 'uống thuốc(약을 마시다)'라고 표현합니다. 베트남어에서는 'uống(마시다)'을 사용하여 '약을 복용하는 행위'를 설명하는 특징이 있기 때문입니다.

또이 다 우옹 투옥 조이
Tôi đã uống thuốc rồi.   약을 먹었어요.

또이 비 깜
Tôi bị cảm.

나는 감기 걸렸어요.

쩌 또이 방 까 년
Cho tôi băng cá nhân.

밴드를 주세요.

투옥 나이 파이 우옹 테 나오
Thuốc này phải uống thế nào?

이 약은 어떻게 먹나요?

람 언 거이 쌔 껍 끄우 지웁 또이
Làm ơn gọi xe cấp cứu giúp tôi.

제발 구급차를 불러주세요. (직역: 제발 저를 도와 구급차를 불러주세요.)

 엿보기 단어

bị cảm [비 깜] 감기 걸리다   xe cấp cứu [쌔 껍 끄우] 구급차
băng cá nhân [방 까 년] 밴드

빈 칸에 다양한 어휘를 넣어 보세요.

1 나는 _____ 걸렸어요.

Tôi bị _____.

↳ **đau bụng** [다우 붕] 배가 아프다

ho [허] 기침이 나다

sốt [쏟] 열이 나

> bị는 '당하다, 겪다, 걸리다'의 뜻으로, '배가 아프다, 기침을 하다, 열이 있다'의 의미로 해석할 수 있습니다.

2 이 약은 _____ ?

Thuốc này _____ **?**

↳ **uống một ngày mấy lần** [우옹 몯 응아이 머이 런] 하루 몇 번 먹나요

bôi một ngày mấy lần [보이 몯 응아이 머이 런] 하루 몇 번 바르나요

mua ở đâu [무어 어 더우] 어디에서 사나요

3 제발 _____ (을/를) 불러주세요.

Làm ơn gọi _____ **giúp tôi.**

↳ **bác sĩ** [박 씨] 의사

xe cứu hỏa [쌔 끄어 화] 소방차

cảnh sát [까잉 쌛] 경찰

꺼 투옥 다우 더우 콩
Có thuốc đau đầu không?

두통약이 있나요?

꺼 아잉 무온 무어 바오 니에우 비엔
➡ **Có, anh muốn mua bao nhiêu viên?**　　있어요, 몇 알 사고 싶으세요?

꺼 아잉 쩌 몯 쭏 내
➡ **Có, anh chờ một chút nhé.**　　있어요, 잠시만 기다려 주세요.

투옥 나이 파이 우옹 테 나오
Thuốc này phải uống thế nào?

이 약은 어떻게 먹나요?

우옹 바 런 몯 응아이 싸우 브어 안
➡ **Uống 3 lần một ngày, sau bữa ăn.**　　식후 하루 3번 드세요.

우옹 응아이 몯 런 토이
➡ **Uống ngày 1 lần thôi.**　　하루 한 번만 드세요.

베트남의 약국과 의료시설

베트남의 약국과 의료시설은 점차 현대화되고 있으며, 주요 도시를 중심으로 좋은 서비스를 제공하고 있습니다.

● 약국

베트남에는 약 5만 개의 크고 작은 약국들이 있어 전국 어디서든 쉽게 찾을 수 있습니다. 대부분의 약국에서는 기본적인 의약품과 처방전 없이도 구매할 수 있는 약을 판매하고 있습니다. 관광객을 위해 일부 약국에서는 영어 서비스도 제공하고 있습니다.

⑴ 렁쩌우 (Long Châu)

최근 시장 점유율을 빠르게 확대하고 있습니다. 다양한 종류의 약품을 보유하고 있어 하노이, 호찌민, 다낭 등 주요 대도시에서 쉽게 찾아볼 수 있다는 점이 큰 장점입니다. 2024년 9월 기준으로 렁쩌우는 베트남 전역에 총 1,796개의 약국을 운영하고 있으며, 매년 연평균 15% 이상의 성장률을 기록하며 꾸준히 성장하고 있습니다.

⑵ 안캉 (An Khang)

모바일 월드(Mobile World)가 운영하는 의약품 소매점입니다. 전국적으로 많은 매장을 운영하고 있으며, 최근 구조조정을 통해 비용 최적화를 시행하고 있습니다. 다양한 의약품과 무료 상담, 방문 배송, 포인트 제도 등의 서비스도 제공하고 있습니다. 특히 푸꾸옥(Phú Quốc)에 위치한 안캉 약국은 크기가 크고 많은 약이 구비되어 있어 인기가 많습니다.

⑶ 파마시티 (Pharmacity)

전국적으로 많은 매장을 운영하고 있으며, 도시 중심부는 물론 지방 도시에서도 쉽게 찾아볼 수 있습니다. 기본적인 의약품뿐만 아니라 다양한 건강 관련 상품과 서비스를 제공하고 있습니다.

● 의료시설

베트남의 의료 시스템은 크게 공공병원과 민간병원으로 나뉩니다. 공공병원은 국민들에게 필수적인 의료 서비스를 제공하는 데 중요한 역할을 하며, '중앙병원, 지방병원, 농촌병원'으로 구분됩니다. 전국적으로 약 182개의 개인병원이 운영되고 있으며 대부분 도시 지역에 집중되어 있습니다.

(1) 바익마이 병원 (Bạch Mai)

베트남 하노이에 위치한 대형 종합병원으로 1911년에 설립되었습니다. 베트남에서 가장 중요한 의료 기관 중 하나로, 다양한 의료 분야에서 선도적인 역할을 하고 있습니다. '내과, 외과, 응급실, 의약대학병원' 등 다양한 분야에서 전문적인 의료 서비스를 제공하고 있으며 장애인 치료 및 재활을 위한 특별 병동도 운영하고 있습니다.

(2) 호찌민시의 의약대학병원 (Bệnh viện Đại học Y Dược)

호찌민시의 중요한 의료 기관 중 하나로, 다양한 의료 분야에서 전문적인 의료 서비스를 제공하고 '내과, 외과, 응급실' 등의 서비스가 잘 갖추어져 있습니다. 국제적인 협력을 통해 최신 의료 기술과 장비를 도입하고 있으며 다양한 국제 의료 프로젝트와 협력을 맺고 있어 높은 환자 신뢰도로 잘 알려져 있습니다.

(3) 통녓병원 (Bệnh viện Thống Nhất)

호찌민시에 위치한 대형 종합병원으로, 노인 의료 분야에서 중요한 역할을 하고 있습니다. 병원은 하루 평균 약 4,000명에서 4,500명의 외래 환자를 진료하며, 이중 60~70%가 고령 환자입니다. 노인 의료 분야에서 특히 강점을 보이고 있으며 고위 관리들의 건강을 관리하는 책임도 맡고 있습니다.

공항 체크인하기

🎧 02-45

베트남의 국제 공항에서는 영어로 의사소통이 자유롭습니다. 그러나 규모가 작은 지역 공항에서는 영어 사용이 어려울 수 있으므로, 기본적인 베트남어 표현을 익혀 두는 것이 좋습니다. 공항에서 체크인 시 자주 쓰이는 표현들을 익혀보세요.

 핵심 표현

또이   무온   게   까잉   끄어   쏘

Tôi muốn ghế cạnh cửa sổ.

나는 창가 좌석을 원해요.

단어를 바꿔서 표현해 보세요.

- ghế cạnh lối đi [게 까잉 로이 디] 복도 좌석
- chỗ ngồi gần cửa thoát hiểm [쪼 응오이 건 끄어 토앗 히엠] 비상구 근처 좌석
- mua thêm hành lý [무어 템 하잉 리] 수하물을 추가로 구매하다
- nâng hạng vé bay [넝 항 배 바이] 항공권을 업그레이드하다
- gửi 2 kiện hành lý [그이 하이 끼엔 하잉 리] 수하물 2개를 부치다
- tích lũy dặm bay [띡 루이 잠 바이] 마일리지를 적립하다

muốn은 '원하다' 이외에 '~하고 싶다'의 뜻도 가지고 있습니다.

 Tip 노이바이 공항이나 떤선녓 공항과 같은 국제공항은 여행객들이 많이 이용하는 곳이라 수속 처리 시간이 길어질 수 있습니다. 빠른 출국 수속을 위해 이륙 3시간 전에는 공항에 도착하는 것을 추천합니다. 특히, 수하물 검사나 보안 검색이 길어질 수 있으므로 여유 시간을 두고 일찍 도착하는 것이 좋습니다.

또이 꺼 몯 끼엔 하잉 리 끼 그이
Tôi có 1 kiện hành lý ký gửi.
수하물 1개 있어요.

하잉 리 꾸아 껀 파이 덩 템 바오 니에우 띠엔
Hành lý quá cân phải đóng thêm bao nhiêu tiền?
초과 수하물은 얼마를 더 내야 하나요?

또이 꺼 테 망 까이 나이 렌 마이 바이 콩
Tôi có thể mang cái này lên máy bay không?
이것을 기내로 가져갈 수 있나요?

머이 지어 마이 바이 덩 끄어
Mấy giờ máy bay đóng cửa?
비행기 문은 몇 시에 닫히나요?

 엿보기 단어

---

hành lý quá cân [하잉 리 꾸아 껀] 초과 수하물 **đóng cửa** [덩 끄어] 문을 닫다
máy bay [마이 바이] 비행기

❶ _____ (이/가) 있어요.

Tôi có _____ .

↳ 1 vali xách tay [몯 바리 싸익 따이] 1개의 기내 반입 가방
thẻ hội viên [태 호이 비엔] 회원카드
bộ dụng cụ chơi gôn [보 중 꾸 쩌이 곤] 골프채 세트

❷ _____ (을/를) 기내로 가져갈 수 있나요?

Tôi có thể mang _____ **lên máy bay không?**

↳ mỹ phẩm [미 펌] 화장품
thuốc [투옥] 약
pin dự phòng [삔 즈 펑] 보조배터리

❸ _____ (은/는) 얼마를 더 내야 하나요?

_____ **phải đóng thêm bao nhiêu tiền?**

↳ Gửi bộ dụng cụ chơi gôn [그이 보 중 꾸 쩌이 곤] 골프채 세트 보내기
Mua thêm suất ăn [무어 템 쑤얻 안] 식사를 추가로 구매하기
Nâng hạng vé bay [넝 항 배 바이] 항공권을 업그레이드하기

또이 꺼 테 망 까이 나이 렌 마이 바이 콩

Tôi có thể mang cái này lên máy bay không?

이것을 기내로 가져갈 수 있나요?

드억 콩 번 데 지

➡ **Được, không vấn để gì.**

가능해요, 문제없어요.

콩 까이 나이 비 껌 망 렌 마이 바이

➡ **Không, cái này bị cấm mang lên máy bay.**

아니요, 이것은 기내 반입 금지입니다.

머이 지어 마이 바이 덩 끄어

Mấy giờ máy bay đóng cửa?

비행기 문은 몇 시에 닫히나요?

몰 지어 싸우

➡ **1 giờ sau.**

1시간 후입니다.

바이므어이 푼 싸우

➡ **30 phút sau.**

30분 후입니다.

기내 이용하기

🎧 02-47

긴 비행시간 동안에는 서비스 제공을 받거나 요청 사항이 생길 수 있습니다. 기내 안에서 사용할 수 있는 다양한 표현들을 익혀보세요.

 핵심 표현

쩌 또이 즈어우 방

Cho tôi rượu vang.

와인을 주세요.

단어를 바꿔서 표현해 보세요.

- rượu vang trắng [즈어우 방 짱] 화이트와인
- nước lọc [느억 럭] 생수
- nước cam [느억 깜] 오렌지주스
- bia [비어] 맥주

단어

rượu vang [즈어우 방] 와인

꺼 테 지웁 또이 띰 쪼 꾸어 또이 콩

Có thể giúp tôi tìm chỗ của tôi không?

제 자리 찾는 것을 도와주실 수 있나요?

더이 꺼 래 라 쪼 꾸어 또이

Đây có lẽ là chỗ của tôi.

여기는 제 좌석인 것 같아요.

꺼 테 쩌 또이 느억 콩

Có thể cho tôi nước không?

물을 주실 수 있나요?

또이 무온 디 베 씽

Tôi muốn đi vệ sinh.

나는 화장실 가고 싶어요.

 **엿보기 단어**

tìm [띰] 찾다
chỗ [쪼] 자리, 좌석
đây [더이] 여기

có lẽ [꺼 래] 아마
đi vệ sinh [디 베 씽] 화장실 가다

① _____ (하)는 것을 도와주실 수 있나요?

Có thể giúp tôi ⌐⌐⌐⌐⌐⌐⌐⌐⌐⌐⌐⌐⌐⌐⌐⌐⌐⌐⌐⌐⌐⌐⌐ **không?**

     └→ **đưa vali lên** [드어 발리 렌] 캐리어를 올리다

        tìm vali [띰 발리] 캐리어를 찾다

        đổi chỗ [도이 쪼] 자리를 바꾸다

② _____ (을/를) 주실 수 있나요?

Có thể cho tôi ⌐⌐⌐⌐⌐⌐⌐⌐⌐⌐⌐⌐⌐⌐⌐⌐⌐⌐⌐⌐ **không?**

     └→ **tai nghe** [따이 응애] 헤드셋, 이어폰

        khăn giấy ướt [칸 지어이 으얻] 물티슈

        cơm gà [껌 가] 닭고기 밥

        cơm bò [껌 버] 소고기 밥

        mì [미] 면, 국수

③ 나는 _____ (하)고 싶어요.

Tôi muốn ⌐⌐⌐⌐⌐⌐⌐⌐⌐⌐⌐⌐⌐⌐⌐⌐⌐⌐⌐⌐⌐⌐⌐⌐⌐ **.**

     └→ **thêm 1 phần ăn** [템 몯 펀 안] 1인분 추가

        hạ lưng ghế xuống [하 릉 게 쑤옹] 의자 등 받침대를 내리다

        bật đèn [벋 덴] 등을 켜다

꺼 테 쩌 또이 느억 콩

Có thể cho tôi nước không?

물을 주실 수 있나요?

벙 아잉 쩌 몯 쭏

➡ **Vâng, anh chờ một chút.**　　　　네, 잠시만 기다려 주세요.

또이 쌔 망 덴 응아이

➡ **Tôi sẽ mang đến ngay.**　　　　바로 가져다드릴게요.

꺼 테 지웁 또이 띰 쪼 꾸어 또이 콩

Có thể giúp tôi tìm chỗ của tôi không?

제 자리 찾는 것을 도와주실 수 있나요?

쪼 꾸어 아잉 쏘 머이

➡ **Chỗ của anh số mấy?**　　　　몇 번 좌석인가요?

벙 아잉 디 태오 또이 내

➡ **Vâng, anh đi theo tôi nhé.**　　　　네, 따라오세요.

베트남의 국제공항과 항공사

베트남에는 총 22개의 민간 공항이 있으며, 이중 10개는 국제공항입니다. 대부분의 민간 공항은 군사와 민간 용도로 겸용되고 있으며 18개의 군사 전용 공항도 운영되고 있습니다.

● 주요 국제공항

(1) 노이바이 국제공항 (Sân bay quốc tế Nội Bài)

베트남의 수도 하노이에 위치해 있으며, 북부 최대의 국제공항입니다. 최신식 공항 시설과 다양한 편의시설을 갖추고 있습니다. 국내선과 국제선을 모두 운영하며 대규모 화물 운송도 이루어지는 중요한 허브 공항입니다.

(2) 떤선녓 국제공항 (Sân bay quốc tế Tân Sơn Nhất)

호찌민시에 위치한 베트남 최대 공항으로, 국내외 항공편의 이용량이 가장 높은 공항입니다. 남부 지역의 주요 관문으로서 관광과 비즈니스 수요가 많습니다. 베트남 최대 도시를 기반으로 다양한 국제 항공사들이 운항하며 아시아 및 유럽으로의 직항 노선이 많습니다.

(3) 다낭 국제공항 (Sân bay quốc tế Đà Nẵng)

중부 지역의 대표 공항으로, 한국인과 외국인 관광객들에게 인기가 높은 다낭에 위치해 있습니다. 관광객을 위한 맞춤형 편의시설과 다양한 국제선 노선을 운영 중이며, 다낭, 호이안, 후에 등 주요 관광지로의 접근성이 뛰어나 빠르게 성장하고 있습니다.

● 항공사와 항공편

주요 국제공항에서는 국내선, 국제선, 화물 운송 서비스가 모두 운영되고 있으며 주요 항공사들이 다양한 노선을 제공하고 있습니다.

⑴ 한국 항공사

　항공사 : 대한항공, 아시아나항공, 제주항공, 진에어

　항공편 : 베트남 주요 공항으로 직항편을 운영 중입니다.

　하노이, 호찌민, 다낭, 나트랑 등 관광지를 연결하는 다양한 노선을 제공합니다.

⑵ 아시아 및 중동 항공사

　항공사 : 에바항공, 캐세이퍼시픽, 에미레이트항공 등

　항공편 : 아시아와 중동 지역을 잇는 항공편을 운영 중입니다.

　베트남은 아시아 주요 국가와 가깝기 때문에 단거리 비행 노선이 많습니다.

⑶ 북미 항공사

　항공사 : 유나이티드항공, 에어캐나다 등

　항공편 : 북미와 베트남을 연결하며, 주로 환승을 통해 운항됩니다.

– 이미지 출처 –

73p. : 축구 응원 https://dantri.com.vn
122p. : 반쫑 https://dangcongsan.vn
77, 162-163p. : 화폐 https://cafe.naver.com
145p. : 지하철 https://vietnam-360.com/ko
164-165p. : 롯데 센터 하노이 https://m.joseilbo.com
        빈콤 메가 몰 로열 시티 https://en.gurutto-vietnam.com
        트랑티엔 플라자 https://www.bwaltd.com
        빈콤 센터 https://crystalbay.com
        다카시마야 https://www.obayashivn.com
        빈콤 플라자 https://danangticket.com
        한 마켓 http://www.enaftour.com

208p. : 아파트 http://rndconsultants.vn
        고급 단독 주택 https://phumyhungsale.com
209p. : 가정용 제단 https://baophapluat.vn
219p. : 고도 화로 유적지 https://cozynibi.com
        화로 특용림 https://dulichninhbinh.com.vn
        땀꼭 https://www.vietnam.vn
        빅동 https://phuotvivu.com
228p. : 안캉 https://cafebiz.vn
        파마시티 https://www.mekongcapital.com
229p. : 의약대학병원 https://nhathuoclongchau.com.vn
        바익마이병원 https://vneconomy.vn